U0463511

中国改革开放精讲

CHINA

沈传亮◎著

北京出版集团
北京出版社

图书在版编目（CIP）数据

中国改革开放精讲 / 沈传亮著. — 北京 ：北京出版社，2025. 5. — ISBN 978-7-200-18942-1

Ⅰ. D61

中国国家版本馆CIP数据核字第20242EU045号

策　　划：高立志　王显永　　责任编辑：白　云
责任印制：燕雨萌　　责任营销：王绍君
封面设计：田　晗

中国改革开放精讲
ZHONGGUO GAIGE KAIFANG JINGJIANG
沈传亮　著

出　　版　北京出版集团
　　　　　北 京 出 版 社
地　　址　北京北三环中路 6 号
邮　　编　100120
总 发 行　北京伦洋图书出版有限公司
印　　刷　河北鑫玉鸿程印刷有限公司
开　　本　787 毫米 × 1092 毫米　1/16
印　　张　15
字　　数　187 千字
版　　次　2025 年 5 月第 1 版
印　　次　2025 年 5 月第 1 次印刷
书　　号　ISBN 978-7-200-18942-1
定　　价　68.00 元

如有印装质量问题，由本社负责调换
质量监督电话　010-58572393

前　言[①]

深化中国改革开放史研究的需求与路径探析

改革开放是当代中国实践最鲜明的特色，是决定当代中国命运的关键一招。如果对改革开放缺乏深入研究，就不可能读懂当代中国和明了中国奇迹的由来。学界对改革开放的研究随着改革开放实践的深入渐丰渐深，已出版论著数百部，发表论文更以万计。不过以往研究多从现实角度讨论改革开放面临的问题，从历史角度出发的高质量成果不多，关于深化改革开放史研究的深入探讨更为少见。在中国知网，以改革开放史为题名而收录的学术论文不及百篇，新时代出版的有代表性的整体性著作也只有《当代中国改革开放史》（人民出版社2016年版）、《四十不惑：中国改革开放发展经验分享》（中国社会科学出版社2018年版）、“中国改革开放40年丛书”（中共党史出版社2018年版）、《改革开放简史》（人民出版社、中国社会科学出版社2021年版）等为数不多的几部。《中国共产党的一百年》（中共党史出版社2022年版）、《新时代这十年（2012—2022）》（人民出版社2023年版）等官方权威著作是从大党史、国史的角度展开的，未聚

① 本书提及的国家体改委、国家体改办、国家计委、商业部、对外经济贸易部、国家科委、国家经委等部门，因历史沿革较复杂，名称几经变化，为体现历史真实性及时代感，本书保留改组前的名称。

焦改革开放。在当代中国，深化改革开放史研究还有很大空间。作者在梳理以往关于改革开放史研究的基础上，结合评介学界精品力作，就深化改革开放史研究的迫切需要、传统布局及缺憾、继续深化改革开放史研究的路径等进行探讨。

一、深化中国改革开放史研究的迫切需求

近来学界一直有人认为，当代人不宜修当代史，概因其距离太近且尚未沉淀，难以做出客观评价。随着史学研究的演进和昌明，越来越多的中国当代史研究专家[①]认为当代人可修当代史。现在看，隶属中国当代史研究领域的中国改革开放史研究不仅可修而且必修，且修的必要性、迫切性愈益突出。对当下的中国史学工作者来说，研究当代中国改革开放史既有自身的独特优势，也实属责无旁贷。

（一）改革开放史在中共党史和中华人民共和国史中的地位愈加重要

改革开放史无疑是中共党史和新中国史的重要组成部分。学界对此也已进行基础性研究。20世纪末21世纪初国内出版了中共中央党史研究室第三研究部著《中国改革开放20年史》（辽宁人民出版社1998年版）、郭德宏主编《中国共产党的历程（第三卷）》（河南人民出版社2001年版）等。进入21世纪，相关研究得以继续，比较有代表性的著作是中共中央党史和文献研究院著《中国共产党的一百年》（中共党史出版社2022年版）、柳建辉等主编的《中国共产党执政历程》（人民出版社2011年版）等。其中，中共中央党史和文献研究院著《中国共产党的一百年》分为四册，第三册以“改革开放和社会主

① 章百家（《关于改革开放史研究的若干思考》，《北京党史》2008年第6期）、萧冬连（《关于中国当代改革开放史研究若干问题的思考》，《中共党史研究》2015年第1期）等都认为当代人可修当代史。

义现代化建设新时期[①]”为题，对“文化大革命”结束后至党的十八大的历史进行了简要清晰的梳理，是一部官方权威读本。中国社会科学院当代中国研究所著的《中华人民共和国史稿》专门用一卷的篇幅梳理了“文化大革命”结束后至1984年党的十二届三中全会八年的历史。随着改革开放岁月的自然延伸，中国共产党历史分“三个三十年”的简约说法必然改变，因为改革开放史在党的历史中，分量越来越重，对于国史而言更是如此。新中国成立至今70多年历史，改革开放史的时段要明显长于社会主义革命和建设时段，“改革开放前后两个三十年”的说法恐怕也要改变。2021年，党中央就党的百年做出第三个历史决议，将党的百年分为四个阶段。决议把1978—2012年作为一段，党的十八大以来作为一段。除历史自然延伸导致改革开放重要性愈益突出外，改革开放以来中国共产党领导人民续写辉煌、创造出中国奇迹、加速了民族复兴，改革开放的地位及其重要性随其业绩辉煌而不断凸显。

（二）深入系统总结改革开放历史经验的要求愈加迫切

总结经验、汲取智慧是人类社会得以延续的重要基础。重视且善于总结历史经验是中国共产党的优良传统。新中国成立后，毛泽东曾专门写了一篇《十年总结》，还讲过他是“靠总结经验吃饭的”。改革开放以来，党中央多次总结包括改革开放在内的历史经验。1979年9月30日，为庆祝新中国成立30周年，叶剑英代表党中央发表的讲话就总结了新中国成立30年来的基本经验。1981年6月，党的十一届六中全会通过的历史决议，不仅总结了新中国成立以来党中央治国理政的经验，还对改革开放初期形成的新鲜经验进行了初步总结，为

① 中共中央党史和文献研究院:《中国共产党的一百年》(改革开放和社会主义现代化建设新时期)，中共党史出版社2022年版。

推动改革开放注入活力。改革开放以来的历届党代会[①]，党中央纪念党的十一届三中全会召开20周年、30周年大会，召开庆祝改革开放40周年大会都对改革开放的历史经验进行了总结，这为继续推进改革开放提供了宝贵经验和智力支撑。研究者在总结改革开放经验方面已有一些成果，但在整体性、系统性、深刻性上还有待提升。党的十九大报告指出，我们党团结带领人民进行改革开放新的伟大革命，破除阻碍国家和民族发展的一切思想和体制障碍，开辟了中国特色社会主义道路，使中国大踏步赶上时代。[②] 2021年党的十九届六中全会对百年大党的历史经验进行了总结，其中有涉及改革开放的内容。党的二十大对新时代改革开放的重大成就进行了系统梳理，明确了未来改革开放的重点领域和重点内容。2024年7月党的二十届三中全会对改革开放的经验尤其是新时代全面深化改革的经验进行了总结，提出了“六个坚持”[③]的原则。在改革开放即将迎来50周年之际，深入系统总结改革开放历史经验尤其是新时代改革开放的新鲜经验的要求日益迫切。

（三）清晰展现改革开放史的需求越来越多

中国改革开放的历史风起云涌、破浪前进，可谓波澜壮阔。中国速度、中国奇迹、中国经验、中国方案、中国智慧等概念日益引起国内外热切关注。国内外很多人士想了解中国改革开放究竟怎么走过来的、中国改革究竟做对了什么、中国究竟为什么成功等问题。美国著名学者傅高义倾十年精力写就的《邓小平时代》，英国著名经济学家、

---

① 高正礼:《新时期六次党代会报告对改革开放的经验总结和理论创新》,《党的文献》2008年第4期。.

② 中共中央党史和文献研究院:《十九大以来重要文献选编》(上)，中央文献出版社2019年版，第10—11页。

③“六个坚持”是指坚持党的全面领导、坚持以人民为中心、坚持守正创新、坚持以制度建设为主线、坚持全面依法治国、坚持系统观念。

百岁老人科斯与王宁合力撰写的《变革中国：市场经济的中国之路》，美国知名智库领导者李侃如撰写的《治理中国：从革命到改革》以及库恩撰写的《中国30年：人类社会的一次伟大变迁》等力作，都是在试图解读中国改革开放，让国外人士知晓读懂中国改革。国外关于中国改革开放史的一些著作具有第三方视角的鲜明特点，有益于更为客观地看待中国改革开放，但它们在描绘中国大变革时总是欠点火候，尤其是有些论述实在给人以雾里看花之感。国内党史专家为留存改革开放史也付出了不少心血并一直在积极努力。进一步深化改革开放史研究，清晰描述中国改革开放历程，不仅是向世界讲好中国改革故事、展现中国继续改革开放良好形象的迫切需要，还是向国内民众讲清国家进步的源泉动力以凝聚共识一同投身于改革开放伟大事业的迫切需要。

（四）留存鲜活历史资料的迫切性愈加突出

随着改革开放历史的自然延伸，保存好、储备好与改革开放有关的史料的任务日益迫切。人所共知，在留存改革开放史料时，积累口述史料尤为重要。当代人修当代史的优势不仅在于当代人能亲身感受当下，还在于当代人能与改革开放重大事件的亲历者现场对话，记录下他们的过往，尽可能留住历史鲜活的一面，为后人提供现场记忆。改革开放初期那些重大事件的亲历者已经渐渐老去，抓紧对健在的关键亲历者进行采访录音、保存史料刻不容缓。如推动上海浦东开发开放的见证人、领导者中，有的已经离开人世，即使健在的人也多处于耄耋之年，如不进行抢救性保存，就会留下难以弥补的遗憾。推动农村改革、创办经济特区等改革开放重大事件的经历者邓小平、胡耀邦、万里、习仲勋、谷牧、任仲夷、陈锦华、杜润生等领导者，留下的谈话记录、文集选集、讲话稿等为研究改革开放提供了一手资料，具有重要参考价值。因此，当代学人要力争走出书斋、走向社会，争取更多机会与改革开放亲历者对话，为保存有关史料积极努力。

二、中国改革开放史研究的传统布局

始于20世纪80年代的中国改革开放史研究已形成既定研究格局，包括研究改革开放的启动，改革开放史的分期，改革开放的经验，改革开放史上的决策、事件、人物，以及改革开放史史料的搜集、整理、发掘，等等。显然，这是传统治史的学理框架。人民出版社2016年推出了改革开放史研究知名学者曹普教授的力作《当代中国改革开放史》(下文简称“曹教授的著作”)，该书在吸收借鉴已有研究成果的基础上，以10章70多万字的篇幅对近40年的改革开放史进行了全面系统梳理，是新世纪以来国内关于中国改革开放史研究的一部力作。该书是在学界对改革开放高度关注的情况下出版的，因此在学界产生了较大反响，引发了如何看待改革开放史研究传统布局以及如何深化改革开放史研究尤其是理论与方法等诸多思考。

（一）关于改革开放史写作的切入

进行改革开放史研究有个起点和视角问题。多年来，中国当代史学界基本形成共识，把1978年底党的十一届三中全会的召开视为中国实行改革开放的起点。曹教授的著作与以往论著相同，也以此为起点来梳理改革开放，但曹教授的著作的亮点在于把中国改革开放的缘起置于中国与世界互动的宏大图景中。开篇即从“‘文化大革命’结束时的中国与世界”切入，并用较多文字对“西方资本主义国家经济科技大发展”进行分析。曹教授的著作指出：从20世纪50年代中期到70年代中期，在中国相继经历“大跃进”、人民公社化运动、“文化大革命”之时，美国、欧洲等西方资本主义国家，日本、韩国等中国周边的一些国家和地区，却在新科技革命浪潮的推动下实现了经济科技的迅速发展，社会面貌发生了意义深远的重大变化。[①]对美欧日等国经济社会显著变化的分析，有利于人们更加深刻地认知中国进行改革开放的国际背景和外部压力。改革开放启动时遭遇了思想领域的“两个凡是”，曹教授的著作对此进行了客观论述，明确指出1977年2月7日《学好文件抓住纲》的社论是在汪东兴直接指导下，由长期担任康生秘书、粉碎“四人帮”后被任命为中央办公厅副主任、理论组组长的李鑫组织起草的，实际上明确了这篇社论的起草人。这对人们准确了解改革开放的背景与缘起有较大帮助。应当从这一思想产生的历史背景、现实需求、领导人治国理政智慧等多角度分析思想史上的事件。

（二）关于改革开放历史的分期

通史研究不可避免要加以分期分段，这有利于读者把握历史的关键节点。与新民主主义革命时期的阶段性特点比较明显相比，改革开放史展开的内在逻辑十分紧密、改革开放的展开也是环环相扣，如何对改革开放史进行科学分期成为学界比较关注的话题。[②]分期应有明确标准，讲究客观依据，不能率性随心。中共中央党史和文献研究院著《中国共产党的一百年》第三册即“改革开放和社会主义现代化建设新时期”部分，用了三章篇幅，分别是“伟大历史转折和成功开创中国特色社会主义”“成功把中国特色社会主义推向21世纪”“成功在新形势下坚持和发展中国特色社会主义”。显然，这是根据党的主要领导人执政时期来划分改革开放新时期的段落。曹教授的著作以十章篇幅，前三章即“‘文革’结束后的中国向何处去”“改革开放的酝酿与高层决策”“改革开放在‘大胆试验’中起步”，集中描写了党的十二大召开之前中国改革开放的背景、酝酿和开端；随后对改革开放

① 曹普：《当代中国改革开放史》（上卷），人民出版社2016年版，第9页。

② 陆世宏：《关于改革开放史分期研究的相关问题》，《桂海论丛》2015年第6期。

历史的分析基本上是按照五年一度的党代会为基准，从党的十二大到党的十八大分七章展开论述。曹教授的著作关于改革开放史分期的标准是党代会，特点在于对改革开放的起步着墨较多。鉴于改革开放是在中国共产党领导下有步骤有秩序地进行的，无论基于领导人划分还是基于党代会划分都有其根据，存在合理性。当然这是就整个改革开放史的分期而言。对于改革开放历史上中观或微观的变化，如经济体制变革或政治体制改革过程的分期就不一定按照上述标准划分阶段，这与各领域改革的展开有自己的实践特点有关。不同领域的改革由于影响因素的不同，改革的节奏、力度、节点都有所不同。因此，如何基于改革开放的内在逻辑进行分期依然是见仁见智的问题，仍然值得探究。自然，历史分期也不应定于一尊，要根据研究领域进行学理性分析探讨。笔者认为，宜以改革开放内容的展开次序为分期依据，兼顾政治标准。

（三）关于对改革开放史史实及过程的评价

历史研究论著仅仅有史料的铺陈和堆砌，即使有新的史料运用，但如果没有恰到好处的精彩锐评，也不能算一流佳作。“有质有文”、史论结合是对历史书写的一种基本要求。史学家司马迁撰写的《史记》、党史大家胡绳主编的《中国共产党的七十年》已为我们书写历史树立了典范。曹教授的著作在论述改革开放过程中，根据中央精神，结合个人思考，对许多重大事件进行了精准评价。如1978年举行的国务院务虚会和全国计划会议，是改革开放启动过程中不可忽略的重要节点，但不少论著一带而过。曹教授的著作依据档案资料不仅对上述会议进行了详细描述，还有准确评价。他认为，国务院务虚会和全国计划会议上关于开放引进和体制改革所进行的讨论和观点交流，表明实行改革开放的主张在党内的重要决策层面已经具有了扎实的思想基础，党中央在这方面做出重大决策的条件已经趋于成熟。[①] 改革决策“趋于成熟”的判断，是基于历史的根据，更来自于对改革开放启动的精准把握。对改革开放史进行整体评价也是必要的，这最能表现作者的研究功力。曹教授的著作认为，改革开放开创和发展了中国特色社会主义，使中华民族伟大复兴迎来前所未有的光明前景[②]。这一分析充分说明了改革开放的伟大成就与巨大影响，也显露出作者的开阔视野和前瞻思维。改革开放40多年来，党中央在纪念党的十一届三中全会召开20周年、30周年大会上以及庆祝改革开放40周年大会上，都对中国改革开放的历史定位和功勋进行了评说，一些中央领导也对此颇多关注。如何从学理上认真分析和研究这些关于改革开放的评价，是值得学界进一步关注和思考的。

（四）关于改革开放史研究的格局

研究历史讲究围绕重点精心谋篇布局，然后抽丝剥茧、层层展开。以往的改革开放史研究成果，不太注意改革开放史与中共党史、国史的细分，仅把改革开放史作为中共党史、国史的组成部分，没有突出改革开放这一主题词，针对性、时代性均不够强。曹教授的著作在篇章布局上更加聚焦改革开放，全书分十章，除第一章外，其余九章的标题都含有改革开放，每章对改革开放的定位都精准反映了时代特点。如第二章题目是“改革开放的酝酿与高层决策”，讲的是1977年、1978年党和国家为改革开放做的准备工作。第四章标题是“改革开放的全面展开与理论建设”，讲的是党的十二大提出建设有中国特色的社会主义命题，党的十二届三中全会颁布全面改革的纲领，再到党的十三大提出社会主义初级阶段理论，等等。第五章、第六章、第七章的标题分别是“改革开放遭遇严峻考验及应对”

① 曹普:《当代中国改革开放史》(上卷)，人民出版社2016年版，第119页。

② 曹普:《当代中国改革开放史》(下卷)，人民出版社2016年版，第792页。

“邓小平南方谈话与改革开放新阶段”“跨世纪的战略谋划与改革开放的深入”。第十章标题是“全面建成小康社会与全面深化改革开放”，讲的是党的十八大以来以习近平同志为核心的党中央是如何统筹推进改革开放的。曹教授的著作不仅从每章的标题上鲜明突出了改革开放，而且从每章内容设计上看也紧紧围绕改革开放这一主题展开。以第三章为例，标题是“改革开放在‘大胆试验’中起步”，下面几小节的标题分别是：安徽四川引领农村经济改革兴起、城市经济体制改革“扩权”试点、贯彻新“八字方针”调整国民经济、党和国家领导制度的初步改革、党在指导思想上拨乱反正任务的完成等。通读曹教授的著作，你可以清楚地看到改革开放的大戏是如何拉开帷幕的，中国改革开放是如何历经波折又能不断前行的。改革开放宛如一条红线贯穿全书，这是全书最为鲜明的特点，也为我们今后书写和研究中国改革开放提供了镜鉴。

（五）关于改革开放史史料的运用

史料是历史研究的基础，正所谓巧妇难为无米之炊。改革开放史是一部鲜活的、正在发生的历史，史料丰富多彩，但也存在较多史料尚未公开的问题。如何驾驭丰富的史料、挖掘新鲜史料、积极发掘即将公开的史料，是从事改革开放史研究不能回避的话题。曹教授的著作所用史料涉及文件、报告、日记、会议记录、回忆录、研究论文等多种，为写好该书打下了扎实基础。尽管，曹教授的著作力所能及地使用了一些新公布的史料。如近几年胡耀邦研究进展很快，披露了一些新史料，曹教授的著作就选用了1979年12月13日至14日胡耀邦在地、县宣传工作座谈会上的讲话，但遗憾的是，曹教授的著作没有展示更多的“新鲜”资料，绝大多数使用的都是公开资料。同时，研究改革开放，有必要关注国外有关研究进展，注意国外学者的研究成果。

写好改革开放史，十分不易，它所涉范围十分广泛，要求研究人员具有较为广博的知识储备、较为深厚的史学功底、较为宽广的学术视野。尽管几十年来形成的传统的研究布局为后续的改革开放史研究奠定了较为扎实的学术积累和史料基础，但要深化改革开放史研究还需大大拓宽研究人员的视野和突破既有的研究布局，在广度和深度上、理论和方法上都有所进步。

三、深化中国改革开放史研究的若干路径

从近些年来国内外关于改革开放史研究的论著看，改革开放史研究早已超越了摸清脉络，构建框架，初步进行专题研究[①]的阶段，取得显著进展。不过，无论是从研究视角、史料挖掘、理论分析深度上来看，还是从对改革开放进程中复杂关系的把握上、新方法论的运用上来看，深化改革开放史研究都还有很大空间。

（一）在唯物史观指导下坚持精英史观与民众史观相结合

研究中国改革开放史无疑要坚持马克思主义为指导，这是当代中国哲学社会科学区别于其他哲学社会科学的根本标志[②]。以马克思主义为指导研究改革开放，实际上是要以历史唯物主义和辩证唯物主义为指导，注重物质的决定性作用，坚持唯物史观，坚持群众史观。著名党史学家张静如于1995年出版的《唯物史观与中共党史学》就对此进行了深入论述。针对党史研究过多关注高层、关注精英，著名党史学家龚育之曾明确指出，党的历史，要写出人民创造历史的活动，不能把党的历史写成仅仅是党中央会议和文件的历史，仅仅是领导人讲话和活动的历史。[③]这是因为民众才是历史的主体，民意是解

① 章百家：《关于改革开放史研究的若干思考》，《北京党史》2008年第6期。

② 习近平：《在哲学社会科学工作座谈会上的讲话》，《人民日报》2016年5月19日第2版。

③ 龚育之：《论党史研究的十大关系》，《北京日报》2001年4月16日。

释历史的基础，民益是评价历史的根本标准。研究改革开放史必须坚持以人民为中心的研究导向，坚持“民众史观”[①]。研究者应该站在民众的立场来研究历史，让民众真正成为历史的主角，反映各个时期民众的生活状况和疾苦、业绩和贡献、利益、愿望，以及他们对历史的看法。研究改革开放史也应该观照到民众。笔者以为，研究改革开放史应在唯物史观指导下坚持精英史观和民众史观相结合，写历史见物更要见人，见英雄也要见民众。不少改革开放史研究多停留于高举高打，眼睛盯着高层，对中低层注意不够、对民众的贡献注意不够。论述改革开放初期时，还会写到小岗村村民的创举、年广久创办“傻子瓜子”、广东高要沙浦公社农民陈志雄跨队承包集体鱼塘等事迹。但20世纪90年代以后的改革开放史书写谈论高层决策和中央领导多，谈中低层事件和普通人物的较为少见。就此，张静如专门撰文指出，精英史观与民众史观两个都要讲全[②]，这是很深刻的史学见解。

（二）围绕改革开放史的主题展开

1978年以来的历史，是中国共产党领导全国各族人民进行改革开放和社会主义现代化建设并取得光辉成就的历史，是坚持和发展中国特色社会主义的历史。习近平总书记在庆祝改革开放40周年大会上指出，改革开放四十年来，我们党全部理论和实践的主题是坚持和发展中国特色社会主义。[③]深化改革开放史研究必须围绕中国特色社会主义这一主题展开。围绕主题开展研究，就可以回答国内外人们高度关注的话题：中国改革为什么能走到现在、取得巨大成就？当然，也不排斥我们研究者就某些改革开放史的专题进行深入挖掘。如研究

---

① 郭德宏：《论民众史观》，《史学月刊》2009年第11期。

② 张静如：《精英史观和民众史观两个都讲全》，《党史研究与教学》2010年第4期。

③ 中共中央党史和文献研究院：《十九大以来重要文献选编》（上），中央文献出版社2019年版，第732页。

20世纪80年代沿海经济发展战略的形成，20世纪80年代经济改革的“外脑”参与，市管县体制机制的提出与形成，都有助于深化改革开放史研究。但无论是专题研究还是通史研究，必须有个主题性观念存在，确保人们对改革开放史有个总体了解，为后世留下相对客观的改革开放史。有的研究，剑走偏锋，以揭露党和国家所犯错误为主；有的研究，无视中国改革开放取得的巨大成就，搞所谓历史虚无主义。对此，我们研究者既要理性平和讲明道理，又要敢于对错误思潮旗帜鲜明地发声亮剑，用扎实的学术研究予以积极回应。

（三）观照各种复杂互动

中国改革开放的过程中存在着各种各样的复杂互动，包括党内上下层之间的互动、党内外的互动、国内外的互动、理论和实践的互动。这种互动使得改革开放迅速成为波澜壮阔的潮流，并推动着改革开放不断深入[①]。因此，研究改革开放史必须坚持系统观念，观照各种复杂互动。目前，国内不少论著写作视野较为狭窄，对问题的论述只强调其中某一个方面，没有注意到改革开放史带有复杂互动的特点。深化改革开放史研究就要注意国内改革开放与世界关系的互动、政府和市场的互动、理论和实践的互动等。在经济全球化的大潮下，中国改革开放不可能置身事外，而是要融入世界，实现合作共赢。写作改革开放史必须注意中国与世界间的互动关系，弄清世界政经局势的变化如何作用于中国改革开放。改革开放以来，党的创新理论都有鲜明的问题导向和实践导向。不经受中国实践检验的理论、不解决中国问题的理论，不可能上升为党的指导思想。沿着互动的思路爬梳，显然有利于继续深化改革开放史研究。自然，对党内的互动以及党内外的互动也要积极观照。如此研究，改革开放史就会更加立体、客观。

① 章百家:《关于改革开放史研究的若干思考》,《北京党史》2008年第6期。

（四）坚持学科互鉴、方法共享[①]

人类活动的过程是各种知识出场的过程。著名画家达·芬奇的《蒙娜丽莎》就富含各方面的知识。在这个意义上，马克思指出，我们仅仅知道一门唯一的科学，即历史科学。研究历史需要多学科知识储备和方法运用。中国改革开放涉及经济、政治、文化、社会、生态文明、国防军队建设、国际交流等诸多方面，研究改革开放的历史，更要求研究者不仅要懂得历史学理论与方法，还必然要熟悉其他学科诸如政治学、社会学、心理学、计量学等多种学科的知识背景，坚持学科之间互相借鉴、不同方法之间进行共享。如研究改革开放重大决策不可避免会涉及决策者的心理变化，如果研究者没有心理学学科基础，很难深入研究党的领导人的决策过程。而如何测量把握决策心理，显然史学理论与方法提供不了。因此，研究改革开放史，仅仅依靠史学理论与方法远远不够。最近几年学界开始流行的新史学，更是开始注重文化与心理的探析。如果没有文化学的基础，也很难理解历史研究的学术前沿。史学界多年来一直强调运用跨学科跨文化的理论与方法实际上就是要求学科间互相借鉴、方法上实现共享，目的是为了将历史研究推向深入，自然研究改革开放史也应如此。

（五）注重微观、中观与宏观研究相结合

深化改革开放史研究必须坚持宏观、中观、微观研究齐发力。近年来，不少学者眼睛向下，关注微观历史、个案研究，这是一个好现象。但我们也不主张为个案而个案的研究，而应是小题目大关怀、小视角大世界。21世纪初，历史学者杨念群主张历史研究要关注中观

---

① 沈传亮:《中共历史研究中的多重范式共生趋向分析》,《党史研究与教学》2005年第2期。

层面，并且提出了“中层理论”[①]。张静如认为自己的《唯物史观与中共党史学》的切入层面就属于中观研究。而对改革开放史整体的宏观研究也必不可少。自然，宏观、中观研究要建立在微观研究基础上。没有扎实的微观研究做基础，中观研究、宏观研究必定会陷入空疏之境地，如无源之水、无本之木。美籍华裔学者邹谠1994年撰写的《二十世纪中国政治——从宏观历史与微观行动角度看》，为分析改革开放初期的政治变迁提供了宏观与微观相结合的样本，值得学习借鉴。微观研究、中观研究、宏观研究还是要建立在档案开放的基础上。若深化改革开放史研究，依法开放档案也是当务之急。

（六）坚持开放式研究

随着时间流逝，改革开放史注定要成为中共党史、国史研究的重点领域、重头戏。应该看到，研究改革开放史不仅是史学工作者的责任，还要采取开放式研究，欢迎对这段历史感兴趣的人跨界参与进来。深化改革开放史研究要坚持四面八方、开门研究，要和其他学科之间密切交流，如此才能确保研究的持续健康。近来社会上流行的个人史、家庭史书写以及相关资料搜集，很多就不是史学工作者，而是对个人历史、自己家庭历史感兴趣的人士。这些人的学科背景不一定是历史专业出身，但对书写改革开放史抱有很大兴趣，在搜集材料基础上，发表了一些高质量成果。这些都是可喜的现象，也是改革开放史研究的生力军。对此，既不应轻视，也不可求全责备，而是应相互交流，实现学学相长。

（七）加大口述史料积累力度

进行改革开放史研究的一大优势就是历史还“新鲜”、现场在身边，重大事件、重大决策的参与者、经历者都还健在。但如同前文所

---

① 杨念群：《中层理论：东西方思想会通下的中国史研究》（增订本），北京师范大学出版社2016年版。

述，有些如果不及时抢救性发掘，也会留下历史性遗憾。作为改革开放史领域的研究者，应该尽量进行口述史研究，围绕改革和开放做口述史，对于那些亲历重大事件（如经济特区设立、经济体制改革、政治体制改革等）和亲历重大决策（如西部大开发政策、青藏铁路修建、制定和实施“863”计划等）的人，要积极进行采访，做好记录，为改革开放史的深入研究积累一手史料。国内有条件的高校或科研机构应该建立改革开放史研究中心、筹建改革开放史研究杂志，争取国家和单位支持，把改革开放口述史做起来。

（八）做到历史和现实紧密结合

昨天、今天和明天是连续性时间排列。改革开放史就是当下发生的，本身就具有强烈的现实感，是回顾昨天展望明天的延续。没有深厚的现实关怀的历史作品绝不是好作品。研究历史尤其是改革开放史不能纯粹地寻章摘句、考据史料，而是着眼现实，为继续深化改革开放和推进社会主义现代化建设服务。自然，一味为了现实服务的历史作品也不一定是好作品。改革开放史研究要处理好历史和现实的关系，不能为了服务现实曲解改革开放历史。历史和现实的结合，就要体现在改革开放史的研究过程中、研究成果上。在历史中感受现实，在现实中体悟历史，这应是一部好的研究论著要追求的重要目标。

（九）抓紧设立相应学科，积极培养人才，建设一支致力于改革开放史研究的队伍

深化改革开放史研究关键在人，关键在于有一批志趣相同的研究团队。没有人才梯队，深化改革开放史研究无疑于海市蜃楼。中国社会科学院当代中国研究所已经集体转向改革开放新时期的研究，中国人民大学中共党史党建专业博士研究生论文选题也多聚焦于改革开放史，这都值得期待。有关研究机构也在侧重开展改革开放研究。但作为人才济济的高校系统的当代史专业人才却青黄不接，有些著名高校历史系相关研究者更是少见。这既有课程设置受局限的因素，也有研究历史越古老越好的传统观念的影响。有平台才能有专业，有专业才会有人才，有思路才会有出路。建议高等教育部门在充分调查研究的基础上优化史学学科设置，增设改革开放史专业。中共党史、国史研究管理部门应该积极行动起来，把更多力量投入到改革开放史研究领域，认真总结中国改革开放的历史经验，为深化中国改革开放研究史做出应有贡献。

“不谋全局者，不足谋一域”，研究机构和研究人员要从学科发展全局出发，高度重视改革开放史这个中国共产党历史和中国当代史研究的增长点，积极统筹人力物力，全面深化改革开放史研究，记录下这个中国历史上最伟大的辉煌时期，为我们的子孙后代留下一笔宝贵的精神财富。

目　录

上篇

改革开放的历史演进

党的十一届三中全会的历史地位

在1978年底召开的党的十一届三中全会因其伟大的历史贡献，在中华人民共和国史、中国共产党历史乃至中国历史上写下了浓墨重彩的一笔。过去理论界比较注重十一届三中全会的历史转折意义，但站在中国特色社会主义事业发展的高度看，十一届三中全会不仅是开辟中国特色社会主义道路的历史起点，而且为中国特色社会主义理论体系的形成提供了重要思想来源。十一届三中全会高扬的改革精神、开拓精神、民主精神、务实精神、法治精神，为建设中国特色社会主义事业提供了强大精神动力。

一、党的十一届三中全会是开辟中国特色社会主义道路的历史起点

在真理标准问题讨论的直接推动下，在历时36天的中央工作会议基础上，1978年12月召开的党的十一届三中全会，推动中国从以阶级斗争为纲转向以经济建设为中心、从封闭半封闭转向逐步开放、从墨守成规转向全面改革，实现了新中国成立以来中国共产党历史上具有深远意义的伟大转折，开启了改革开放和社会主义现代化的伟大征程，成为开辟中国特色社会主义道路的历史起点。

（一）十一届三中全会是在党和国家面临何去何从的重大历史关头召开的

“文化大革命”结束后，中国进入徘徊中前进时期，面临究竟向

何处去、走什么路的关键抉择。当时，世界经济快速发展，科技进步日新月异，而“文化大革命”导致我国经济濒临崩溃的边缘，人民温饱都成问题，国家建设百业待兴。党内外强烈要求纠正“文化大革命”的错误，使党和国家从危难中重新奋起。在这紧要历史关头，以邓小平为代表的老一辈无产阶级革命家，坚持马克思主义立场、观点和方法，认为既不能回到“文化大革命”以前的老路，也绝不能走全盘西化的邪路，而是要在深刻总结正反两方面经验教训的基础上，探索一条适合中国国情的社会主义建设道路。十一届三中全会恰恰成为在这历史关头召开的一次关键会议。

（二）十一届三中全会以其巨大贡献实现党的历史转折，成为开辟中国特色社会主义道路的历史起点

1978年11月10日至12月15日在北京召开的长达36天的中央工作会议，规格很高，规模较大，讨论问题很多，为十一届三中全会顺利召开做了充分准备。[①]闭幕会上，邓小平、叶剑英、华国锋都做了讲话，其中邓小平所做题为《解放思想，实事求是，团结一致向前看》的重要讲话，全面深刻，问题导向十分突出，实际上为十一届三中全会提出了基本的指导思想，为全会实现具有划时代意义的伟大转折奠定了重要基础。12月18日至22日，党的十一届三中全会在北京召开，取得系列重大成果，实现了党的历史的伟大转折。第一，重新确立了解放思想、实事求是的思想路线。全会高度评价了关于实践是检验真理的唯一标准问题的讨论，强调要解放思想、实事求是，一切从实际出发。第二，做出党和国家工作重点转移的战略决策。全会果断停止使用“以阶级斗争为纲”的口号，正式做出了“把全党工作的着重点和全国人民的注意力转移到社会主义现代化建设上来”的战略

① 于光远：《1978：我亲历的那次历史大转折》，中央编译出版社2008年版，第18页。

决策。第三，提出了要实行改革开放的基本方针。全会指出，现在必须对经济管理体制和经营管理方法着手认真的改革，在自力更生的基础上积极发展同世界各国平等互利的经济合作，努力采用世界先进技术和先进设备，并大力加强实现现代化所必需的科学和教育工作①。第四，提出了加强社会主义民主法制建设的要求。全会强调，为了保障人民民主，必须加强社会主义法制，使民主制度化、法律化，使这种制度和法律具有稳定性、连续性和极大的权威。②第五，解决了一些重要的历史问题。全会决定撤销中央过去发出的有关"反击右倾翻案风"运动等错误文件。全会还审查和纠正了过去对彭德怀、陶铸、薄一波、杨尚昆等同志所作的错误结论，提出解决历史遗留问题必须遵循实事求是、有错必纠的原则。第六，形成了以邓小平为核心的新一届党中央领导集体。20年后，江泽民高度评价了十一届三中全会的历史地位，十一届三中全会，是建国以来我党历史上具有深远意义的伟大转折。党在思想、政治、组织等领域的全面拨乱反正，是从这次全会开始的。伟大的社会主义改革开放，是由这次全会揭开序幕的。建设有中国特色社会主义的新道路，是以这次全会为起点开辟的。当代中国的马克思主义——邓小平理论，是在这次全会前后开始逐步形成和发展起来的。十一届三中全会是一个光辉的标志，它表明中国从此进入了社会主义事业发展的新时期。③习近平总书记在庆祝改革开放40周年大会上指出，1978年12月18日，在中华民族历史上，在中国共产党历史上，在中华人民共和国历史上，都必将是载入史册

① 中共中央文献研究室:《三中全会以来重要文献选编》(上)，中央文献出版社2011年版，第5页。

② 中共中央文献研究室:《改革开放三十年重要文献选编》(上)，中央文献出版社2008年版，第19页。

③ 中共中央文献研究室:《十五大以来重要文献选编》(上)，中央文献出版社2011年版，第594页。

的重要日子。[①]

（三）党的重要文献多次论及中国特色社会主义道路，均以十一届三中全会为起点

党的十一届六中全会通过的《关于建国以来党的若干历史问题的决议》指出，三中全会以来，我们党已经逐步确立了一条适合我国情况的社会主义现代化建设的正确道路。[②]1987年召开的党的十三大提出了“两次飞跃”思想，也点明了中国特色社会主义道路开始于十一届三中全会。即“第一次飞跃，发生在新民主主义革命时期，中国共产党人经过反复探索，在总结成功和失败经验的基础上，找到了有中国特色的革命道路，把革命引向胜利。第二次飞跃，发生在十一届三中全会以后，中国共产党人在总结建国三十多年来正反两方面经验的基础上，在研究国际经验和世界形势的基础上，开始找到一条建设有中国特色的社会主义的道路，开辟了社会主义建设的新阶段”。[③]1992年召开的党的十四大指出，1978年召开的十一届三中全会和全会形成的以邓小平同志为核心的中央领导集体，承担起艰巨的使命，实现了伟大的历史性转折，开创了我国社会主义事业发展的新时期。[④]1997年党的十五大在论述中国人民在前进道路上经历了三次历史性巨大变化尤其是“改革开放，为实现社会主义现代化奋斗”这次历史性变化时，也有类似论述。2007年党的十七大再次强调，1978年，我们党召开具有重大历史意义的十一届三中全会，开启了改革开放历史新时

---

① 习近平：《论中国共产党历史》，中央文献出版社2021年版，第213页。

② 中共中央党史和文献研究院：《全面建成小康社会重要文献选编》（上），人民出版社2022年版，第24页。

③ 中共中央党史和文献研究院：《全面建成小康社会重要文献选编》（上），人民出版社2022年版，第199页。

④ 中共中央党史和文献研究院：《全面建成小康社会重要文献选编》（上），人民出版社2022年版，第269页。

期。[①]这既肯定了十一届三中全会的历史转折意义，又指明了全会作为中国特色社会主义道路起点的价值。

二、党的十一届三中全会形成的重要观点是中国特色社会主义理论体系的思想来源

改革开放以来，中国共产党坚持理论创新和实践创新，致力于马克思主义中国化时代化，形成了包括邓小平理论、“三个代表”重要思想、科学发展观、习近平新时代中国特色社会主义思想在内的中国特色社会主义理论体系。从中国特色社会主义理论体系形成以及着力解决的基本问题看，十一届三中全会形成的重要观点是中国特色社会主义理论体系形成的重要思想来源，中国特色社会主义理论体系的形成也是坚持和发展十一届三中全会路线的必然结果。

（一）十一届三中全会确立的解放思想、实事求是，是中国特色社会主义理论体系中思想路线部分的重要来源

邓小平曾指出，“思想路线是什么？就是坚持马克思主义，坚持把马克思主义同中国实际相结合，也就是坚持毛泽东同志说的实事求是，坚持毛泽东同志的基本思想”。[②]十一届三中全会确立的解放思想、实事求是的思想路线是继承发展毛泽东思想的结晶。随着党情、国情、世情的发展变化，党中央在解放思想、实事求是思想路线的基础上，进一步提出“与时俱进”，为思想路线增添了新内容，突出了党的思想路线随着时代变化、国情变化追求创新的特点，反映了马克思主义理论的创新品质。21世纪，党中央在全党大力倡导求真务实之风，在新的时代条件下形成了解放思想、实事求是、与时俱进、求

① 中共中央党史和文献研究院:《全面建成小康社会重要文献选编》(上)，人民出版社2022年版，第573页。

② 邓小平:《邓小平文选》第3卷，人民出版社1993年版，第62页。

真务实的思想路线。新时代，我们坚持党的思想路线，又明确了"两个结合""六个必须坚持"这一推进理论创新的根本遵循和重要方法。党的思想路线丰富和发展的历程，既生动记录了党的理论创新的发展脉络，又表明十一届三中全会确立的思想路线的重要性和源头性，为探索什么是社会主义、怎样建设社会主义提供了思想先导。

（二）十一届三中全会确立并在此后形成的改革开放理论，是中国特色社会主义理论体系的重要内容

十一届三中全会指出，实现四个现代化，要求大幅度地提高生产力，也就必然要求多方面地改变同生产力发展不适应的生产关系和上层建筑，改变一切不适应的管理方式、活动方式和思想方式，因而是一场广泛、深刻的革命。从而揭开了改革开放的序幕。全会后，从农村到城市，从经济领域到其他各个领域，全面改革的进程势不可当地展开了；从沿海到沿江沿边，从东部到中西部，对外开放的大门毅然决然地打开了。大改革大开放使我国成功实现了从高度集中的计划经济体制到充满活力的社会主义市场经济体制、从封闭半封闭到全方位开放的伟大历史转折。实践过程中形成的改革开放理论包括渐进改革思路、推行社会主义市场经济体制思想、"引进来""走出去"的开放观念等，成为中国特色社会主义理论体系的重要组成部分。如党的十三大报告所说，坚持改革开放的总方针，是十一届三中全会以来党的路线的新发展[①]，全会恰恰是改革开放思想的重要源头。

（三）十一届三中全会关于加强党的建设的观点，是中国特色社会主义理论体系中执政党建设理论的重要来源

在总结历史经验教训的基础上，十一届三中全会决定健全党的民主集中制，健全党规党法，严肃党纪。全会指出，必须有充分的民

① 中共中央文献研究室：《改革开放三十年重要文献选编》（上），中央文献出版社2008年版，第477页。

主，才能做到正确的集中……各级领导要善于集中人民群众的正确意见，对不正确的意见进行适当的解释说服。宪法规定的公民权利，必须坚决保障，任何人不得侵犯。全会提出的加强党的建设的思想，经过党和国家领导人的阐发，在集中全党智慧的基础上，先后形成了党的建设新的伟大工程、“三个代表”重要思想、加强党的先进性建设、习近平总书记关于党的建设的重要思想等执政党建设理论，构成了中国特色社会主义理论体系中的党建部分，对建设一个什么样的党，怎样建设党给出一个较为全面的回答。

（四）十一届三中全会关于民主法制的理念，是中国特色社会主义理论体系中依法治国、建设法治政府部分的思想来源

十一届三中全会公报指出，为了保障人民民主，必须加强社会主义法制，使民主制度化、法律化，使这种制度和法律具有稳定性、连续性和极大的权威，做到有法可依，有法必依，执法必严，违法必究。[①]这实际上提出了社会主义国家法治建设的基本原则和基本方向。随着国家对法治建设的重视，人们对法治认识的逐渐深入，1997年党的十五大提出依法治国的基本方略，2004年又提出建设法治政府的战略思想，2014年党的十八届四中全会就全面依法治国做出顶层设计。在新时代，形成了习近平法治思想。足见，十一届三中全会提出的十六字法治建设方针为依法治国决策提供了思想来源。

（五）十一届三中全会提出的“允许一部分地区、一部分人先富起来”的发展思路，是探索推动中国特色社会主义事业科学发展的思想源头

1949年以来，中国共产党一直在探索如何推动中国经济社会全面发展。历史证明，依靠大而纯的生产关系变革伴随群众运动的方式

---

① 中共中央文献研究室：《改革开放三十年重要文献选编》（上），中央文献出版社2008年版，第19页。

推动经济发展的思路已不适合中国实际。在经过认真思考后，邓小平在十一届三中全会上提出了一种超越平均主义思路且能推动中国经济发展的新思路，即要允许一部分地区、一部分企业、一部分工人农民，由于辛勤努力成绩大而收入先多一些，生活先好起来。一部分人生活先好起来，就必然产生极大的示范力量，影响左邻右舍，带动其他地区、其他单位的人向他们学习。这样就会使整个国民经济不断地波浪式向前发展，使全国各族人民都能比较快地富裕起来。这一新思想极大推动了中国经济发展，东南沿海地区迅速实现率先发展。随着对发展规律认识的逐步深入，中国共产党又提出了发展是硬道理，是党执政兴国的第一要务，坚持科学发展观，推动高质量发展等思路，逐步解决了如何发展、怎样发展的问题，构成了中国特色社会主义理论体系的重要内容。此外，十一届三中全会前后，中国共产党对国情的再认识、对市场作用的新判断、对什么是社会主义的新探索，与以往相比都有了很大不同，为开辟中国特色社会主义道路，形成中国特色社会主义理论体系，初步奠定了思想基础。

三、党的十一届三中全会精神是建设中国特色社会主义事业的巨大动力

在继承和发扬党的优良传统的基础上，十一届三中全会期间形成的改革、民主、开拓进取、务实等精神，成为推进中国特色社会主义伟业创造新的辉煌的精神动力和思想武器。

（一）十一届三中全会继承和发扬了中国共产党的优良作风

在全会上，与会同志解放思想，畅所欲言，充分恢复和发扬了党内民主和党的实事求是、走群众路线、批评和自我批评的优良作风，增强了党的团结。全会公报指出，会议真正实现了毛泽东同志所提倡的又有集中又有民主，又有纪律又有自由，又有统一意志又有个人心

情舒畅、生动活泼，那样一种政治局面。[①]全会决定，一定要把这种风气扩大到全党、全军和全国各族人民中去。另外，会议还强调，要在人民和青年中继续加强自力更生、艰苦奋斗的革命思想教育。无疑，坚持和发扬党的优良传统有利于建设中国特色社会主义。

（二）十一届三中全会高扬的改革精神，为建设中国特色社会主义注入了强大精神动力

邓小平曾指出，如果现在再不实行改革，我们的现代化事业和社会主义事业就会被葬送。[②]随着改革开放政策的实施，改革开放在很多人的心目中渐渐成为一种象征和一种精神，就是“天变不足畏、祖宗不足法、人言不足恤”的大无畏精神；就是认准了就大胆地试、大胆地闯的创新精神；就是大胆学习别国先进技术和管理经验的积极心态；就是不拘成见、不囿一隅的开放胸怀。这种源于十一届三中全会的改革精神与中国共产党一直重视的创新精神一起构成的改革创新精神已成为当代中国时代精神的核心，成为社会主义核心价值体系的重要组成部分，成为鼓励群众建设中国特色社会主义事业的强大精神动力。

（三）十一届三中全会发扬的民主精神，为建设中国特色社会主义提供了坚强的政治思想保障

在为十一届三中全会奠定基础的中央工作会议上，邓小平指出，当前这个时期，特别需要强调民主，[③]并表示要创造民主的条件，要重申三不主义。会议召开期间，与会同志的发言时间、发言次数、发

---

① 中央档案馆、中共中央文献研究室：《中共中央文件选集：1949年10月—1966年5月》，人民出版社2013年版，第317页。

② 中共中央文献研究室：《邓小平年谱：一九七五—一九九七》（上），中央文献出版社2004年版，第451页。

③ 中共中央文献研究室：《改革开放三十年重要文献选编》（上），中央文献出版社2008年版，第18页。

言范围不受限制，真正做到了畅所欲言。会议召开过程中，党的最高领导人当面道歉、参会人员点名批评与自我批评，各抒己见，切实体现了民主精神。列宁曾说，胜利了的社会主义如果不实行充分的民主，就不能保持它所取得的胜利。[①]叶剑英在会上还专门就民主法制问题做了重要讲话，他说，这次会议，大家畅所欲言，充分讨论，开展了批评，一些犯了错误的同志也不同程度地做了自我批评，这是我党兴旺发达的标志。只有充分发扬民主，才能最大限度地调动广大干部和群众的积极性，集思广益，群策群力地建设社会主义。只有充分发扬民主，才能广开才路，及时地发现我们党的优秀人才，才能保障广大干部和群众对领导实行监督和批评的权利，从而有可能及时发现和揭露像林彪、“四人帮”一类的阴谋家、野心家、两面派，巩固我们的政权，使我们的社会主义现代化建设事业有切实的保证。[②]邓小平评价，这次会议开得很好，很成功，在党的历史上有重要意义。我们党多年以来没有开过这样的会了，这一次恢复和发扬了党的民主传统，开得生动活泼。我们要把这种风气扩大到全党、全军和全国各族人民中去。正因为坚持和发扬了民主精神，这次会议讨论和解决了许多有关党和国家命运的重大问题。大家敞开思想，畅所欲言，敢于讲心里话，讲实在话。大家能够积极地开展批评，包括对中央工作的批评，把意见摆在桌面上。一些同志也程度不同地进行了自我批评。这些都是党内生活的伟大进步，对于党和人民的事业将起巨大的促进作用。[③]全会公报指出，全会总结新中国成立以来的经验教训特别是“文化大革命”的惨痛教训，强调为了保障人民民主，必须健全

---

① 中共中央马克思恩格斯列宁斯大林著作编译局:《列宁选集》第2卷，人民出版社2012年版，第782页。

② 中国人民解放军军事科学院:《叶剑英年谱（一八九七—一九八六）》（下），中央文献出版社2007年版，第1159—1160页。

③ 邓小平:《邓小平文选》第2卷，人民出版社1994年版，第140—141页。

社会主义法制。必须使民主制度化、法律化，使这种制度和法律不因领导人的改变而改变，不因领导人的看法和注意力的改变而改变。上述民主精神有力地保障了中国特色社会主义建设的健康顺利发展。

（四）十一届三中全会提倡的开拓进取精神，为改革开放新的伟大实践奠定了坚实的思想基础

在中央工作会议上，邓小平提出，一个党，一个国家，一个民族，如果一切从本本出发，思想僵化，迷信盛行，那它就不能前进，它的生机就停止了，就要亡党亡国[①]。要求思想再解放一点，胆子再大一点，办法再多一点，步子再快一点，代表了当时中国共产党人敢闯敢干的拼劲和闯劲，反映了当时广大百姓的心声。“周虽旧邦，其命惟新。”十一届三中全会提倡的开拓进取精神，实际上是不畏艰难，坚持实践创新和理论创新的精神。正因为40多年来中国共产党继承和发扬了十一届三中全会前后形成的解放思想、开拓进取精神，才有了改革开放的伟大成功实践，才形成了能正确指导实践的中国特色社会主义理论体系。

此外，十一届三中全会倡导的务实精神也有力推动了中国特色社会主义建设事业。全会召开前后，陈云曾多次指出，我们要坚持实事求是，就是要根据现状，找出解决问题的办法。首先弄清事实，这是关键问题。[②]九亿多人口，百分之八十在农村，革命胜利三十年了还有要饭的，需要改善生活。我们是在这种情况下搞四个现代化的。[③]在这次全会上，从实际出发推动经济建设，在党内高层达成一致，这有助于减少经济大起大落，也为提出社会主义初级阶段理论奠定了思

① 邓小平:《邓小平文选》第2卷，人民出版社1994年版，第143页。

② 陈云:《陈云文选》第3卷，人民出版社1995年版，第235页。

③ 中共中央文献研究室:《三中全会以来重要文献选编》(上)，中央文献出版社2011年版，第68页。

想基础。

党的十一届三中全会的顺利召开，决定实行改革开放，把工作中心转移到社会主义现代化建设上来，从而实现了党的历史的伟大转折，成为党成功开创中国特色社会主义的起点。因此，党的十一届三中全会成为具有划时代意义的一次会议。这表明，历史发展有其规律，但人在其中不是完全消极被动的。只要把握住历史发展大势，抓住历史变革时机，奋发有为，锐意进取，人类社会就能更好前进。

中国对外开放战略的历史演进

1978年12月，党的十一届三中全会决定实施改革开放决策后，中国主动向世界敞开了大门。从引进外资和技术开始，到设立四个经济特区，到开放沿海、沿江、沿边城市，再到加入世界贸易组织、共建“一带一路”国际合作，至今已形成全方位、多层次、宽领域的高水平对外开放格局。40多年来，中国对外开放战略根据国内外大势自觉调整，历经“引进来”为主、“引进来”和“走出去”相结合、互利共赢等战略调整阶段，推动对外开放取得举世瞩目的伟大成就。

一、实施“引进来”为主的对外开放战略

“引进来”为主的对外开放战略，在中共中央文件里并没有明确概括，但对外开放的实践表明“引进来”为主的开放战略自1976年一直延续到20世纪90年代中期，有近20年时间。这个阶段，中国实施优惠政策引进外方资金、技术、人才、管理经验等，渠道主要是设立经济特区，开放沿海港口城市，设立沿海、沿江、沿边开放地带，办各种保税区、开发区，允许和鼓励外资企业、中外合作企业存在和发展。

（一）引进外资和技术的起步

“文化大革命”结束后不久，中国就决定引进外资和技术。1977年3月，在北京召开的全国计划会议上，国家计委向中共中央政治局提交了《关于1977年国民经济计划几个问题的汇报提纲》。该提纲在

批判“四人帮”关于经济的错误观点的同时，提出了“要不要新技术”的问题。7月17日，国家计委向国务院提交了今后八年引进新技术和成套设备的计划，提出在第五个五年计划后三年和第六个五年计划期间，除抓紧1973年经毛泽东批准的“四三方案”中在建项目尽快建成投产外，准备围绕长远规划的目标和任务，再进口一批成套设备、单机和技术专利。1977年，中国签订了引进技术设备合同220多项，成交金额30多亿美元，其中包括26个大型成套项目、43套综合采煤机组。[①]

在五届全国人大一次会议上，华国锋做的《团结起来，为建设社会主义的现代化强国而奋斗》的报告中还提出，要努力学习国内和世界上的先进科学技术，绝不能因循守旧，故步自封。要加强技术交流，反对互相封锁的资产阶级恶劣作风。[②]会议通过的《1976—1985年发展国民经济十年规划纲要（草案）》对引进规模进行了具体确定。5月17日，国务院成立了引进新技术领导小组，负责研究制定引进国外先进技术的计划。7月6日至9月9日，在北京西黄城根九号的国务院临时办公处召开了国务院务虚会。会议由李先念主持召开，华国锋多次出席会议，谷牧自始至终参与并主持了会议。会议期间，华国锋、李先念等人多次讲话、插话，主要讲了引进技术、外贸出口、发展农业等经济工作方面的一系列方针。[③]会上，几位出访回国的领导人代表所在部门介绍了当时的国际形势和国外发展经济的经验。国家计委提出了积极扩大出口，增加对外贸易口岸的建议；机械工业部提出了要把引进新技术同国内管理制度的改革结合起来的主张。谷牧则提出了对外开放的若干意见。李先念在总结讲话中明确提出了引进资

① 程中原：《难忘这八年（1975—1982）》，世界知识出版社2009年版，第168页。

② 华国锋：《团结起来，为建设社会主义的现代化强国而奋斗》，《人民日报》1978年3月7日第1版。

③ 李正华：《1978年国务院务虚会研究》，《当代中国史研究》2010年第2期，第5—9页。

金技术的问题，指出，实现四个现代化，必须坚持独立自主、自力更生的原则，但自力更生绝不是闭关自守。为了大大加快我们掌握世界先进技术的速度，必须积极从国外引进先进技术和设备。这比关起门来样样靠自己从头摸索，要快不知多少倍。[①]这次会议是酝酿对外开放的一次重要会议[②]。会后，国务院又召开了全国计划会议，会议提出要从那种不同资本主义国家进行经济技术交流的闭关自守或半闭关自守状态，转到积极地引进国外先进技术，利用国外资金，大胆进入国际市场上来。

1978年10月，邓小平在讲话中第一次明确提出了“开放”。他在会见联邦德国新闻代表团时，提出，你们问我们实行开放政策是否同过去的传统相违背。我们的作法是，好的传统必须保留，但要根据新的情况来确定新的政策……我们引进先进技术，是为了发展生产力，提高人民生活水平。[③]

由上可见，中共领导人已意识到对外开放的问题，并谋求积极举措加以实施。在党的十一届三中全会召开前夕的12月15日，中国外贸部部长李强向世界宣布了中国利用外资政策的重大转变。他说，不久以前，我们在对外贸易上，还有两个禁区。第一，政府与政府之间的贷款，不干，只有银行与银行之间的商业贷款。现在不是了。第二，外商在中国投资不干。最近我们决定把这两个禁区取消了，基本上国际贸易上惯例的做法都可以干。[④]12月18日，李强又在香港举行中外记者招待会，介绍了中国对外贸易政策和接受外国贷款、投资等

---

① 李先念：《李先念文选（一九三五——一九八八年）》，人民出版社1989年版，第332页。

② 李妍：《对外开放的酝酿与起步（1976~1978）》，社会科学文献出版社2008年版，第101页。

③ 邓小平：《邓小平文选》第2卷，人民出版社1994年版，第133页。

④ 李强：《突破“禁区”，为四个现代化大干贸易》，《经济导报》第160期，1978年12月20日。

问题。指出，中国尊重国际上习惯的贸易做法，只要条件合适，我们现在可以考虑同意政府之间的贷款。政府之间与非政府之间的贷款，中国都可以接受。十一届三中全会结束后的第三天即12月25日，中国政府公布了接受国外政府贷款和允许外商来华投资的利用外资政策。[①]

1978年，中国同西方发达国家先后签订了22个成套引进项目的合同。虽然在引进过程中存在急于求成的现象，但引进的项目为中国现代化建设提供了比较先进的技术装备。如上海宝山钢铁厂成套设备的引进，使中国能学到世界一流的生产技术和管理方式。江西贵溪冶炼厂引进日本住友公司供应的“东予式”闪速炼铜炉等设备后，积极建设，最后建成国内最大的铜冶炼厂。[②]

（二）设立经济特区，允许开设三资企业，“引进来”的步伐加快迈出

设立经济特区是中国对外开放迈出实质性步伐的重要标志，也是中国实施“引进来”为主的对外开放战略，建立了引进外资、先进技术和管理经验的窗口。

1978年4月，国务院派出了由国家计委和外贸部有关人员组成的港澳经济贸易考察组，对港澳地区进行实地调查研究。考察组回到北京后，向中央写了《港澳经济考察报告》。报告提出把靠近港澳的广东宝安、珠海建成出口基地，力争三五年努力，建成具有相当水平的对外生产基地、加工基地。6月3日，华国锋听取了考察组的汇报并做出指示，总的同意，要求说干就干，把它办起来[③]。10月23日，广

① 程中原，李正华，王玉祥，等:《新路——十一届三中全会前后到十二大》，人民出版社2013年版，第129页。

② 马平:《一件不能忘却的往事》,《信息日报》2000年11月1日第1版。

③ 中共中央党史研究室第三研究部:《中国改革开放30年》，辽宁人民出版社2008年版，第87页。

东省向国务院上报了《关于宝安、珠海两县外贸基地和市政建设规划设想的报告》。

在1979年4月5日至28日召开的中央工作会议期间，邓小平对习仲勋、杨尚昆提出的在邻近香港、澳门的深圳、珠海以及汕头兴办出口加工区的意见表示赞同，并说，还是叫特区好，陕甘宁开始就叫特区嘛！中央没有钱，可以给些政策，你们自己去搞，杀出一条血路来[①]。会后，中共中央、国务院责成广东、福建两省，就关于在深圳、珠海、汕头和厦门试办四个“出口特区”问题进一步组织论证，提出具体实施方案后报中央审定。1979年7月15日，中共中央、国务院批转的广东省委、福建省委《关于对外经济活动实行特殊政策和灵活措施的两个报告》正式发出，决定特区先在深圳、珠海试办，再考虑在汕头、厦门设置，要求两省先走一步，把经济尽快搞上去[②]。1980年5月16日，中共中央、国务院决定在广东省的深圳市、珠海市、汕头市和福建省的厦门市各划出一定范围试办“经济特区”。特区内实行开放政策，吸引侨商、外商投资办厂，或同他们合办企业，引进先进技术，发展对外贸易。8月，五届全国人大常委会第十五次会议审议并批准了《广东省经济特区条例》。从此，“经济特区”由国家立法而正式诞生。经济特区设立后短期内就取得很大成绩。截至1984年底，四个经济特区与外商签订的各种经济合作协议累积达4700多项，外商协议投资额达20亿美元，实际利用的外资为8.4亿美元。[③]

除创办“经济特区”外，对外开放战略实施的途径和形式还有改

① 中共中央文献研究室:《邓小平年谱：一九七五——一九九七》(上)，中央文献出版社2004年版，第510页。

② 国家体改委办公厅:《十一届三中全会以来经济体制改革重要文件汇编》中册，改革出版社1990年版，第3页。

③ 谷牧:《关于经济特区建设和沿海十四个城市进一步开放工作进展情况的报告》，1985年。

革外贸体制、发展对外贸易和利用外资，以及兴办三资企业（指外商独资企业、中外合资企业、中外合作企业）。1979年9月14日，国务院批转8月中旬召开的京、津、沪三市对外开放座谈会纪要，将给予广东、福建两省的外贸经营自主权扩大到京、津、沪三市。12月，又把外贸经营自主权扩大到沿海沿长江各省，同时扩大地方经营进出口商品的范围，外贸部负责经营大宗的、重要的和国际市场上竞争激烈的进出口商品以及政府间贸易统一谈判和成交的商品，其他商品都下放各省、自治区、直辖市经营。外贸体制的初步改革调动了各方面发展对外贸易的积极性，进出口贸易额得到大幅度增长。

党的十一届三中全会以后，中国迈开了积极稳妥地吸收和利用外资的步伐。1979年至1982年底，中国实际利用吸收外商直接投资11.66亿美元。[①]除吸收外商、港澳台同胞和海外侨胞直接投资创办外资企业之外，还利用外国政府和国际金融组织的中长期贷款，开展补偿贸易、合作开发，兴办中外合资企业、中外合作企业。三资企业成为实施“引进来”为主的对外开放战略的重要形式。三资企业的兴起和发展，对经济和社会发展产生了积极影响。为扩大国际经济合作和技术交流，鼓励外国公司、企业和其他经济组织及个人来华投资，1979年7月1日，五届全国人大二次会议通过《中外合资经营企业法》。同年底，国家外国投资管理委员会起草了《中外合资经营企业法实施条例》。党的十二大以后，有关法律、法规和管理办法更趋完备。

（三）开放14个沿海港口城市，实施沿海地区经济发展战略，“引进来”步伐更加扩大

1984年初，在赴深圳、珠海等地考察结束后，邓小平与胡耀邦等人谈话时有针对性地说，我们建立经济特区，实行开放政策，有个

① 国家发展改革委经济体制与管理研究所、国家发展改革委经济体制综合改革司：《改革开放三十年：从历史走向未来》，人民出版社2008年版，第368页。

指导思想要明确，就是不是收，而是放……厦门特区地方划得太小，要把整个厦门岛搞成特区……除现在的特区之外，可以考虑再开放几个港口城市，如大连、青岛。这些地方不叫特区，但可以实行特区的某些政策。[①]按照邓小平的讲话精神，3月26日至4月6日，中共中央、国务院在北京召开沿海部分城市负责人及有关省区负责人座谈会，着重就进一步开放沿海港口城市的具体政策问题进行了研究部署。5月4日，中共中央、国务院批转《沿海部分城市座谈会纪要》，决定进一步开放大连、秦皇岛、天津、烟台、青岛、北海等14个沿海港口城市。这些城市实行市场化取向的外向型经济政策后，极大地激发了创造活力，经济社会建设发生了显著变化。10月召开的党的十二届三中全会正式把对外开放确立为一项基本国策，并就继续扩大开放做出安排。1985年2月，中共中央、国务院决定将长江三角洲、珠江三角洲、闽南厦漳泉三角地区开辟为沿海经济开放区，对外开放迈出大步。

1987年10月召开的党的十三大指出："当今世界是开放的世界。我们已经在实行对外开放这个基本国策中取得了重大成就。今后，我们必须以更加勇敢的姿态进入世界经济舞台，正确选择进出口战略和利用外资战略，进一步扩展同世界各国包括发达国家和发展中国家的经济技术合作与贸易交流，为加快我国科技进步和提高经济效益创造更好的条件。"[②]根据这一精神，1988年中央决定实施沿海地区经济发展战略，这是"引进来"为主的对外开放战略的重要步骤。1月，中央领导人形成了一份关于加快沿海地区对外开放和经济发展的报告，报告认为：（1）沿海地区应注重发展劳动密集型产业，以及

① 邓小平：《邓小平文选》第3卷，人民出版社1993年版，第51—52页。

② 中共中央文献研究室：《十三大以来重要文献选编》（上），中央文献出版社2011年版，第20页。

劳动密集与知识密集相结合的产业。(2)沿海加工业要坚持“两头在外”(指把生产经营过程的“两头”即原材料和销售市场放到国际市场上去),大进大出。(3)利用外资的重点应当放在吸引外商投资上,大力发展三资企业。同时,为了推动沿海地区的发展,必须加快外贸体制改革的步伐,进一步搞活企业机制,充分发挥乡镇企业的生力军作用;切实提高管理水平,让外国企业家能够按照国际惯例来中国管理企业;促进科技转化为生产力,充分发挥我国科技开发力量强的优势。[①]1月23日,邓小平在这份报告上批示,完全赞成。特别是放胆地干,加速步伐,千万不要贻误时机。[②]2月6日,中央政治局会议同意上述构想,并决定把它作为一个事关中国工业化、现代化发展全局的重大战略决策加以部署。2月27日,在《国务院批转国家体改委关于一九八八年深化经济体制改革总体方案的通知》中,明确提出实施沿海地区经济发展战略,并强调在珠江三角洲、长江三角洲、闽南三角地区和海南岛,采取更加灵活的政策,大力发展“三来一补”(来料加工、来件装配、来样加工、补偿贸易),发挥乡镇企业的优势,使沿海经济开放地带在发展外向型经济方面,取得更大的进展[③]。3月4日,国务院召开沿海地区对外开放工作会议。国务委员谷牧在会上讲话时说,国务院已就实施沿海地区发展战略做了总体部署,各方面对此要有坚定不移的决心和强烈的紧迫感。国务院副总理田纪云在会上指出,贯彻执行沿海地区经济发展战略,关键是把出口创汇抓上去。[④]3月23日,国务院颁发的《国务院关于沿海地区发展外向型

---

① 本刊编辑部:《沿海地区经济发展战略研讨会》,《国际贸易》1988年第4期,第4页。

② 邓小平:《邓小平文选》第3卷,人民出版社1993年版,第408页。

③ 中共中央文献研究室:《十三大以来重要文献选编》(上),中央文献出版社2011年版,第72页。

④ 彭森,陈立,等:《中国经济体制改革重大事件》(上),中国人民大学出版社2008年版,第291页。

经济的若干补充规定》批准将沿海234个市县列入沿海经济开放区。至此，沿海开放地区范围有293个市县，面积42.8万平方公里，人口2.2亿。3月25日，李鹏在七届全国人大一次会议上所做的政府工作报告中，进一步强调要不失时机地加快实施沿海地区经济发展战略[①]，并将它列为今后五年的一项重要任务，要求沿海地区继续扩大对外开放，加快发展外向型经济。

沿海地区各省对实施沿海地区经济发展战略积极响应。广东省经中央批准后，把原来珠江三角洲的“小三角”，扩大为“大三角”，并把沿海市县列入开放区的范围，积极生产外向型产品。广西壮族自治区，经国务院批准扩大沿海经济开放区，范围由原来的200多平方公里扩大到18000多平方公里。1988年4月13日，七届全国人大一次会议决定设立海南省，批准海南全岛作为经济特区，并在海南岛经济特区实行更加灵活开放的经济政策。海南岛经济特区的建立，有力地促进了海南经济社会的发展。1990年4月，上海浦东新区正式得到开发开放。随后，开放武汉、重庆等六个沿江城市及合肥、长沙、南昌、成都四个沿江省会城市，形成了以上海浦东新区为龙头的长江流域经济开放带。1991年，开放满洲里、丹东、绥芬河、珲春四个北部口岸。中国对外开放进入了一个新的发展阶段。沿海地区经济发展战略的提出与落实，促使中国对外开放向更广阔的领域推进。

1992年初邓小平南方谈话后，对外开放更加扩大，“引进来”的力度继续加大。1992年国务院批准海南省开发建设洋浦经济开发区。1992年8月，开放了三峡库区以及黑河等13个边境城市，内陆所有省会城市也实施开放政策。1994年2月，又批准设立了苏州工业园

① 中共中央文献研究室:《十三大以来重要文献选编》(上)，中央文献出版社2011年版，第137页。

区。[①]至此，以沿海、沿边、沿江开放地带和内陆省会城市为代表的全方位、多层次的政策性开放格局基本形成。

二、实施“引进来”和“走出去”相结合的对外开放战略

对外开放初期，中国主要是“引进来”，包括引进外资、先进技术、管理经验、高科技人才等，载体是“三来一补”、三资企业。随着中国对外开放的扩大和深化，中共中央认为对外开放不仅要“引进来”，还要“走出去”，提出了“走出去”战略并开始实施“引进来”和“走出去”相结合的对外开放新战略。所谓“走出去”，实际上就是组织和推动国内有实力的企业到国外投资办厂，更好地利用国外资源，参与国际竞争，增强中国经济发展的动力和后劲，促进经济长远发展。

（一）“走出去”战略的思想萌芽

实施“走出去”战略，是中共中央总书记江泽民在20世纪90年代中期率先提出的，是中国对外开放思想的重大发展。1992年，江泽民在党的十四大报告中提出，积极开拓国际市场，促进对外贸易多元化，发展外向型经济……更多地利用国外资源和引进先进技术……积极扩大我国企业的对外投资和跨国经营[②]。1993年3月召开的党的十四届二中全会明确提出，要实行国际市场多元化的战略，在继续巩固和扩大欧美、日本等市场的同时，努力开拓其他国际市场。[③]1993年底

---

① 1992年至2002年，国务院批准设立了35个国家级经济技术开发区，以及53个国家级高新技术产业开发区、15个国家级出口加工区、14个国家级保税区和14个国家级边境经济合作区。这些功能区域成为所在地经济增长点和吸引外商投资的热点区域。其间，国务院批准设立外商投资商业企业40余家，共实际吸收外资30多亿元，世界50家最大零售商超过半数进入中国。

② 江泽民:《江泽民文选》第1卷，人民出版社2006年版，第230—231页。

③ 中共中央文献研究室:《十四大以来重要文献选编》(上)，人民出版社1996年版，第113页。

召开的党的十四届三中全会把党的十四大确定的开拓国际市场和利用国外资源进一步具体化，提出了充分利用国际国内两个市场、两种资源的概念，指出要积极参与国际竞争与国际经济合作，发展开放型经济，赋予具备条件的生产和科技企业对外经营权，发展一批国际化、实业化、集团化的综合贸易公司。这可视作“走出去”战略的初步设想。[①]

（二）“引进来”和“走出去”相结合战略的明确提出

1996年5月8日至22日，江泽民访问非洲六国。同年7月26日，江泽民在河北省唐山市考察工作时明确提出，要加紧研究国有企业如何有重点有组织地“走出去”，做好利用国际市场和国外资源这篇大文章。广大发展中国家市场十分广阔，发展潜力很大。我们要把眼光放远一些，应着眼于未来、着眼于长远，努力加强同这些国家的经济技术合作，包括利用这些国家的市场和资源搞一些合资、合作经营的项目。[②]1997年12月24日，江泽民在会见全国外资工作会议代表时，首次把“走出去”作为一个战略提了出来。他说，在此，我想再讲一个重要问题，就是我们不仅要积极吸引外国企业到中国投资办厂，也要积极引导和组织国内有实力的企业“走出去”，到国外去投资办厂，利用当地的市场和资源。视野要放开一些，既要看到欧美市场，也要看到广大发展中国家的市场。发展中国家的生产力水平比发达国家低，对产品和技术的要求相对也低一些，但市场十分广阔。在努力扩大商品出口的同时，必须下大气力研究和部署如何“走出去”搞经济技术合作。“引进来”和“走出去”，是我们对外开放基本国策两个紧密联系、相互促进的方面，缺一不可。这个指导思想一定要明确。他

① 李树强，祝世惠，曲景伟，等:《我国“走出去”战略的形成及其重要意义》,《吉林农业》2010年第1期，第45页。

② 江泽民:《江泽民文选》第2卷，人民出版社2006年版，第94页。

还指出，关键是要有领导有步骤地组织和支持一批国有大中型骨干企业“走出去”，形成开拓国外投资市场的初步规模。这是一个大战略，既是对外开放的重要战略，也是经济发展的重要战略。[①]之所以此时提出“走出去”战略，主要是中共中央敏锐看到有大量国际资源闲置。当然，也和中国告别短缺有关系。

1998年2月26日，江泽民在党的十五届二中全会上的讲话中，谈及如何实施“走出去”的对外开放战略，他说，在积极扩大出口的同时，要有领导有步骤地组织和支持一批有实力有优势的国有企业“走出去”，到国外主要是到非洲、中亚、中东、东欧、南美等地投资办厂。既要“引进来”，又要“走出去”，这是我们对外开放基本国策两个紧密联系、相互促进的方面，缺一不可。[②]5月14日，他再次指出，要进一步研究如何加快实施“走出去”的发展战略。非洲、中东、中亚、南美等地区的广大发展中国家，市场很大，资源丰富，我们应该抓紧时机打进去。要组织一批有条件的国有企业出去投资办厂。还指出，进行这方面的工作，不能一哄而起，要加强调查研究，加强市场论证，既积极又稳妥，逐步探索出一条比较符合我国实际的“走出去”发展的路子来。[③]2001年，中国经过15年艰苦谈判后加入世界贸易组织，标志着我国对外开放进入新阶段。在这种大形势下，江泽民对“走出去”战略又有许多新论述。2002年2月25日，江泽民在中共中央举办的省部级主要领导干部专题研究班上发表讲话时，强调了实施“走出去”战略的紧要性。他指出，在新的条件下扩大对外开放，必须更好地实施“引进来”和“走出去”并举、相互促进的

① 江泽民:《江泽民文选》第2卷，人民出版社2006年版，第92页。

② 江泽民:《江泽民文选》第2卷，人民出版社2006年版，第105页。

③ 中共中央文献研究室:《十五大以来重要文献选编》(上)，中央文献出版社2011年版，第323页。

开放战略，努力在“走出去”方面取得明显进展。实施“走出去”战略，是把对外开放推向新阶段的重大举措，是更好地利用国内国外两个市场、两种资源的必然选择，是逐步形成我们自己的大型企业和跨国公司的重要途径。他还说，“引进来”和“走出去”是对外开放的两个轮子，必须同时转动起来。这个问题，我思考了很久，主要是为我国的未来发展和中华民族的子孙后代考虑的。[①]11月，“走出去”战略写进了党的十六大报告，坚持“引进来”和“走出去”相结合，全面提高对外开放水平。指出，实施“走出去”战略是对外开放新阶段的重大举措。[②]

（三）“引进来”和“走出去”相结合战略的实施成效

“引进来”和“走出去”相结合战略提出后，中国“走出去”的步伐明显加快，中国对外投资规模不断扩大，2011年中国对外投资达到747亿美元，跻身于全球对外投资大国行列。在对外开放中，中国发挥比较优势，产业竞争力不断提升，2010年的制造业产出占全球的比重升至19.8%，超过美国成为世界第一制造业大国。截至2011年底，中国外汇储备超过3万亿美元，中国对外直接投资存量为4247.8亿美元，在境外设立企业1.8万家，遍布177个国家和地区，境外企业资产总额近2万亿美元。“引进来”同样取得巨大成就，引进外资、技术、人才方面均突飞猛进。以吸引外资为例，截至2007年底，全国累计设立外商投资企业近63万家，实际使用外资金额达7667亿美元，来华投资的国家和地区近200个，世界500强企业约480家在华投资。[③]中国已成为发展中国家阵营吸引外资最多的国家。

---

① 江泽民:《江泽民文选》第3卷，人民出版社2006年版，第457页。

② 江泽民:《江泽民文选》第3卷，人民出版社2006年版，第551页。

③ 唐任伍，马骥:《中国经济改革30年：对外开放卷》，重庆大学出版社2008年版，第16页。

当然，中国“走出去”不仅要考虑所在国家或地区的风土人情、经济制度，还要考虑到政治、文化等多重因素，有时还会受到一些国家的故意抵制包括政治阻挠。在当前世界经济形势下，不少国家对于中国的投资仍持开放态度，中国企业应以此为契机，加快“走出去”步伐，争取更大发展空间。在“引进来”方面，应该更加侧重高新技术、更加注重环境保护、更加突出填补国内空白，配合国内经济发展方式转变向更高层次和质量进发。

三、实施互利共赢的开放战略

加入世界贸易组织后，中国对外开放面临更加复杂的国际环境。在纺织品贸易、知识产权、能源资源等方面，新的矛盾和问题不断出现。随着中国的日益发展，国际上也出现了不利于中国发展的论调。这都要求中国在对外开放中统筹考虑国内发展和对外开放，不断提高对外开放水平。在这种情况下，中共中央提出了实施互利共赢的开放战略。

（一）互利共赢开放战略的初次提出和部署

2005年10月8日，温家宝在党的十六届五中全会上所作的《中共中央关于制定国民经济和社会发展第十一个五年规划的建议》（下文简称“十一五”规划）里，第一次代表中央提出，要实施互利共赢的开放战略，把既符合我国利益，又能促进共同发展，作为处理与各国经贸关系的基本准则。①党的十六届五中全会通过的“十一五”规划里专辟一段论述了实施互利共赢的开放战略，提出深化涉外经济体制改革，完善促进生产要素跨境流动和优化配置的体制和政策。继续积极有效利用外资，切实提高利用外资的质量，加强对外资的产业和

① 中共中央文献研究室:《十六大以来重要文献选编》（中），中央文献出版社2011年版，第1055页。

区域投向引导，促进国内产业优化升级。着重引进先进技术、管理经验和高素质人才等策略。“十一五”规划虽然明确了互利共赢是国家层面的对外开放战略，但还重在利己，对共赢的论述较少。中国之所以提出实施互利共赢的开放战略，主要是出于以下几个方面的考虑：一是在经济全球化深入发展和中国全面开放的条件下，中国发展与世界经济联系日益密切。单方面发展、零和博弈思维已不适应世界大势。二是在中国迅速崛起的情况下，要利用好国际国内两个市场、两种资源，统筹把握好国内产业发展和国际产业分工，统筹处理好不断完善我国社会主义市场经济体制和参与制定国际经济贸易规则。谋求更多发展，必须推动创造有利于自己的国际环境，而互利共赢提法容易为外国接受，有利于良好国际环境的营造。三是以往靠战争崛起的老路走不通了，发达国家也会阻挠中国发展，在这种情况下，中国必须采取互利共赢的战略。

（二）互利共赢开放战略内涵的不断丰富

党的十六届五中全会后，党和国家领导人多次提及互利共赢战略，使得这一新的对外开放战略的内容更加丰富。2006年3月的《政府工作报告》提出“按照统筹国内发展和对外开放的要求，实施互利共赢的开放战略，以开放促改革促发展”[①]，此处并未对互利共赢的内涵做更多解释。4月22日，胡锦涛在美国耶鲁大学演讲时，提出，中国坚持实施互利共赢的对外开放战略，真诚愿意同各国广泛开展合作，真诚愿意兼收并蓄、博采各种文明之长，以合作谋和平、以合作促发展，推动建设一个持久和平、共同繁荣的和谐世界。[②]与以往相

① 温家宝：《政府工作报告——2006年3月5日在第十届全国人民代表大会第四次会议上》，人民出版社2006年版，第49页。

② 中共中央文献研究室：《十六大以来重要文献选编》（下），中央文献出版社2011年版，第430页。

比，突出了共赢和互利的诉求，指出了实施互利共赢的价值取向是获得良好的国际环境。10月30日，温家宝在中国—东盟建立对话关系15周年纪念峰会上讲话时指出，中国与东盟关系15年的长足发展有许多宝贵经验，提出合作共赢是中国与东盟关系发展的目标，表示我们立足于各自国情和长远发展需要，相互理解，相互支持，相互帮助，共同应对经济全球化挑战以及传统与非传统安全威胁。我们不断推进交流协作，扩大利益汇合点，探索出一条国家之间互利共赢的新型合作道路。[①]11月4日，胡锦涛在中非合作论坛北京峰会开幕式上的讲话中指出，要拓展互利共赢的经济合作。发挥各自优势，密切经贸联系，拓宽合作领域，支持双方企业合作，提升人力资源开发合作水平，积极探索新的合作方式，共享发展成果。[②]11月18日，胡锦涛在出席亚太经合组织第十四次领导人非正式会议时提出和谐共赢、合作共赢的理念，指出经济全球化深入发展，使各经济体相互依存不断加深。我们应该抓住机遇、迎接挑战，不断扩大共同利益的汇合点，努力实现合作共赢。[③]2007年6月8日，胡锦涛在八国集团同发展中国家领导人对话会议上的讲话中，在就加强国家发展领域合作提出建议中指出，要加强合作，实现互利共赢。共享经济发展成果，是实现世界经济持续发展的必然要求。国际社会应该深化经济技术合作，充分发挥各国比较优势，努力拓展发展空间，促进共同发展。[④]从上述看，中国这个阶段提出的互利共赢主要着眼于经济层面的交流合作，

① 中共中央文献研究室:《十六大以来重要文献选编》(下)，中央文献出版社2011年版，第742页。

② 中共中央文献研究室:《十六大以来重要文献选编》(下)，中央文献出版社2011年版，第747页。

③ 中共中央文献研究室:《十六大以来重要文献选编》(下)，中央文献出版社2011年版，第761页。

④ 中共中央文献研究室:《十六大以来重要文献选编》(下)，中央文献出版社2011年版，第1076页。

既强调互利，也突出共赢。

（三）互利共赢开放战略的地位提升与实施成效

2007年召开的党的十七大明确提出互利共赢的开放战略，这是党代会报告里面第一次提出这一战略，并对其内涵和目标进行了明确说明。大会报告两次提到了互利共赢，一是在经济建设部分，主要是从形成开放型经济体系的角度上提的“坚持对外开放的基本国策，把‘引进来’和‘走出去’更好结合起来，扩大开放领域，优化开放结构，提高开放质量，完善内外联动、互利共赢、安全高效的开放型经济体系，形成经济全球化条件下参与国际经济合作和竞争新优势”。二是在和平发展道路部分提到，在这部分，互利共赢战略内涵清楚，提出“中国将始终不渝奉行互利共赢的开放战略。我们将继续以自己的发展促进地区和世界共同发展，扩大同各方利益的汇合点，在实现本国发展的同时兼顾对方特别是发展中国家的正当关切”。可见，互利共赢就是指共同发展、共赢发展、共享发展成果。按照党的十七大的部署，互利共赢战略不仅仅是经济层面，而且是包括很多除经济之外如国际秩序的战略，与以往侧重经济方面的内涵相比发生较大转变。

党的十七大后，胡锦涛代表中央多次提到坚持互利共赢开放战略。2008年4月12日，胡锦涛在博鳌亚洲论坛2008年年会开幕式上的演讲中表示，中国将始终不渝奉行互利共赢的开放战略。中国致力于推动世界经济持续稳定增长，坚持按照通行的国际经贸规则扩大市场准入，在实现本国发展的同时兼顾对方特别是发展中国家的正当关切，支持国际社会帮助发展中国家增强自主发展能力、改善民生，支持完善国际贸易和金融体制、推进贸易和投资自由化便利化，支持各国共同防范金融风险、维护能源安全，坚持通过磋商协作妥善处理经贸摩擦，推动各国共同分享发展机遇、共同应对各种挑战。[①] 2010年12月10日至12日，在北京召开的中央经济工作会议，重点提出要坚持互利共赢的开放战略，拓展国际经济合作空间。2012年5月3日，胡锦涛在第四轮中美战略与经济对话开幕式上的致辞中，又提出“让我们抓住机遇，排除干扰，共同努力，走出一条相互尊重、合作共赢的新型大国关系之路”。[②]

2012年11月，党的十八大再次明确了继续坚持互利共赢的开放战略。大会报告指出，中国将始终不渝奉行互利共赢的开放战略，通过深化合作促进世界经济强劲、可持续、平衡增长。中国致力于缩小南北差距，支持发展中国家增强自主发展能力。中国将加强同主要经济体宏观经济政策协调，通过协商妥善解决经贸摩擦。中国坚持权利和义务相平衡，积极参与全球经济治理，推动贸易和投资自由化便利化，反对各种形式的保护主义。[③]这段论述深刻阐明了互利共赢开放战略的内涵和目标，体现了中国积极发展同各国的务实合作、促进互利共赢的原则精神。进入新时代，中国依然坚持实施互利共赢开放战略。

由于互利共赢开放战略顺应时势、契合国情、符合世情，效果十分显著。党的二十大报告指出，我们实行更加积极主动的开放战略，构建面向全球的高标准自由贸易区网络，加快推进自由贸易试验区、海南自由贸易港建设，共建“一带一路”成为深受欢迎的国际公共产品和国际合作平台。我国成为140多个国家和地区的主要贸易伙伴，

---

① 《胡锦涛在博鳌亚洲论坛二〇〇八年年会开幕式上的演讲》,《人民日报》2008年4月13日第1版。

② 胡锦涛:《胡锦涛文选》第3卷，人民出版社2016年版，第586页。

③ 胡锦涛:《坚定不移沿着中国特色社会主义道路前进 为全面建成小康社会而奋斗——在中国共产党第十八次全国代表大会上的报告（2012年11月8日）》，人民出版社2012年版，第48页。

货物贸易总额居世界第一，吸引外资和对外投资居世界前列，形成更大范围、更宽领域、更深层次对外开放格局。[①]

四、中国对外开放战略演进中积累的基本经验

对外开放至今，中国已实现了从封闭半封闭到全方位开放的伟大历史性转折。在这个伟大转折过程中，中国对外开放实现了从政策性开放到制度性开放的转变，对外开放战略完成了从单纯经济发展战略向国家整体发展战略层面的转变。应该指出，对外开放战略的调整并不意味着替代，而是交错进行。40多年来，中国的开放事业远非一帆风顺，前行的每一步都充满艰辛，伴随着思想的冲击与升华，带着制度新生的阵痛、曲折与辉煌，庆幸的是中国并未因有困难而退缩、遭遇艰辛而止步。

随着对外开放战略的历史演进，中国对外开放积累了宝贵经验，主要有以下六条：一是坚持对外开放不动摇。对外开放以来，中国引进了大量资金和高端人才，引进了先进的技术和管理经验，推动中国取得巨大成就。同时，当今世界是开放的世界，中国不可能在开放性的世界经济体系内独善其身，必须在立足国情基础上继续深化对外开放，牢牢树立对外开放不动摇的理念。即使在抗击新冠肺炎疫情，即使在面对西方打压搞脱钩断链，我们也鲜明提出扩大开放不动摇。二是随着对外开放广度和深度的变化不断调整对外开放战略、不断完善优化对外开放的体制机制。中国对外开放历史表明，及时调整开放策略，从“引进来”到“走出去”再到互利共赢，再到制度型开放，是把握世界经济发展变化的脉搏，适应全球经济发展节奏的最优选择。同时，不断完善对外开放体制机制是我们对外开放取得成功的重要经

①《中国共产党第二十次全国代表大会文件汇编》，人民出版社2022年版，第8页。

验，必须予以坚持。对外开放需要不断完善投资体制、财税体制、审批机制等，使得投资更加便利、审批环节更加简化，这样就能提高效益效率。2013年召开的党的十八届三中全会进一步明确提出要构建开放型经济新体制，目的就是通过完善体制机制，进一步扩大开放。[①]2022年召开的党的二十大提出推动高水平对外开放，也是顺应时势之举。三是在对外开放中始终坚持独立自主。无论是现在还是将来，无论实施什么样的对外战略，独立自主都是中国在对外开放中要坚持的基本原则。中国是一个发展中的大国，一些西方发达国家不希望面对一个强有力的竞争对手，也不情愿提供给中国核心技术。现代化是买不来的。没有独立自主就不会有健康的对外开放。独立自主和对外开放也不矛盾，独立自主是要求对外开放要保持头脑清醒、以我为主。四是正确处理对外开放和全面改革的关系。40多年来，改革和开放基本形成了良性互动。开放推动了改革，改革又扩大了开放。中国改革有个鲜明特点，即开放倒逼改革。从经济特区先行先试到设立三资企业再到加入世界贸易组织，对中国市场化的改革方向起到了巨大影响。邓小平就曾说过，开放也是改革。这在中国具有非比寻常的意义。五是立足比较优势，抓住经济全球化的难得机遇，继续扩大对外开放。中国有巨大的市场需求、较为完善的基础设施、成本比较低廉且素质比较高的劳动力等比较优势。发挥这一优势，有利于继续扩大对外开放。40多年前的对外开放使得中国抓住了全球产业链转移升级的绝佳机遇，推动中国获得巨大发展。当下，在经济全球化和信息化同时并存的时代，变化的多样性和矛盾的复杂性前所未有，面临百年未有之大变局、处于大变革时代的中国依然需要坚持对外开放，在全球化面临困难的背景下发现机遇、实现发展。六是对外开放

① 转引自新华社:《中共十八届三中全会在京举行》,《人民日报》2013年11月13日第1版。

要合理布局形成发展合力。中国对外开放之所以成功，就是注重循序渐进、合理布局。起初是在毗邻港澳的广东、福建划出四个特区，后是开放14个沿海港口城市，取得经验后又开始沿边沿江开放。从点到线、从线到面，不断扩大、深化，形成全方位开放格局。党的十八大后，进一步扩大内陆沿边开放，推动建立自由贸易区、自由贸易港，举办国际进口博览会，推动“一带一路”建设等，形成全面开放新格局。坚持这些宝贵经验，是我们今后对外开放持续健康发展的重要保证。

在新的历史起点上召开的党的二十大就推进高水平对外开放做出部署，指出，依托我国超大规模市场优势，以国内大循环吸引全球资源要素，增强国内国际两个市场两种资源联动效应，提升贸易投资合作质量和水平。稳步扩大规则、规制、管理、标准等制度型开放。推动货物贸易优化升级，创新服务贸易发展机制，发展数字贸易，加快建设贸易强国。合理缩减外资准入负面清单，依法保护外商投资权益，营造市场化、法治化、国际化一流营商环境。推动共建“一带一路”高质量发展。优化区域开放布局，巩固东部沿海地区开放先导地位，提高中西部和东北地区开放水平。加快建设西部陆海新通道。加快建设海南自由贸易港，实施自由贸易试验区提升战略，扩大面向全球的高标准自由贸易区网络。有序推进人民币国际化。深度参与全球产业分工和合作，维护多元稳定的国际经济格局和经贸关系。贯彻好落实好这些重大部署，中国的对外开放事业一定会越来越好。

上海浦东是如何开发开放的

1990年4月，中央决定开发开放上海浦东。这一重大决策是在上海面临发展困境而谋求突破、多年争取的结果，是党中央面临重大国际环境变化急于打破国际制裁、发展经济的重大抉择，在中央和上海多次互动下，此决策得以形成和确立。这一决策带有“问题驱动决策”特点，属于典型的压力型决策。

一、双重压力：上海面临发展困局和中国面临国际制裁窘局

20世纪80年代，是中国改革开放迈开大步、取得巨大成就的时代。早在20世纪30年代就成为远东中心城市的上海，发现自身在20世纪80年代所扮演的角色无比尴尬，既拉大了与亚洲“四小龙”的差距，与周边省市相比也有很多不足。更让上海感到不安的是，经济发展遭遇城市改造的羁绊，发展空间局促。新中国成立40年了，上海市区面积拓展有限，人口却增加了近一倍，工业产值增长了十几倍。道路人均不足2平方米，城市交通堵塞、住房拥挤、环境污染。1988年4月，朱镕基候选上海市市长时在上海市九届人大一次会议上讲话时指出，当时的上海非常困难，有几个爆炸性问题，就是交通问题、住房问题、环境污染问题。地利不如广东。上海的小商品不但不如浙江、广东，连北京、天津都不如了，好多东西买不到了。他还说，浦东是上海未来的希望，那边要建设一个“新上海”，以减轻

“老上海”的压力。这个建设是一个宏伟的计划，不可能短期实现，但是我们总要扎扎实实地去工作，先苦后甜。[①]这表明了上海面临的困境，又指出了上海发展的方向。

从国际上看，以美国为首的西方国家，对中国实施“制裁”，多方施加压力，包括终止高层政治接触、停止经济合作、延缓世界银行贷款等。这给中国经济发展带来很大负面影响。国际政治环境较为恶劣，邓小平及时提出了冷静观察、稳住阵脚、沉着应付、韬光养晦、善于守拙、决不当头、有所作为的方针。[②]据此，中国与以美国为首的西方国家所施加的种种压力进行了坚决斗争。在此情况下，不少国外人士以为中国会放慢改革的步伐、放缓开放的节奏，与中国做生意的劲头明显不足。就此，邓小平有针对性地指出，要做几件事情一下子把开放的旗帜打出去，要有点勇气。

可见，上海地方发展面临的困境和国家改革开放遭遇的国际困境的双重夹击，使得上海和中央都在考虑，如何改变这种困局。这恰恰成为开发开放上海浦东的契机。

二、上下互动：上海积极准备与中央顺势而为促成开发浦东决策

（一）拟定规划，明确方向

上海为解决面临的困境早就开始探索新路。上海在汪道涵任市长期间，就积极探索并于1984年向国务院上报《关于上海经济发展战略的汇报提纲》，提出要策划新时期的发展战略，创造条件开发浦东。1985年2月，国务院批转了这一汇报提纲，并指出：上海的发展

① 《朱镕基上海讲话实录》编辑组：《朱镕基上海讲话实录》，人民出版社、上海人民出版社2013年版，第56页。

② 谢春涛：《改革开放为什么成功？》，人民出版社2018年版，第197页。

要走改造振兴的新路子，力争到本世纪末把上海建设成为开放型、多功能、产业结构合理、科学技术先进、具有高度文明的社会主义现代化城市。[①]发展目标确定了还需要推进的思路和工作抓手。1986年4月，经过多方调研论证，在时任市长江泽民的主持下制定了《上海市城市总体规划》，并于7月把规划修改稿报送到中共中央、国务院。10月，国务院批复《上海市城市总体规划》。国务院批复指出：上海是我国最重要的工业基地之一，也是我国最大的港口和重要的经济、科技、贸易、金融、信息、文化中心，应当更好地为全国现代化建设服务。同时，还应当把上海建设成为太平洋西岸最大的经济贸易中心之一。上海市总体规划和各项事业的发展，都必须从这一点出发。这是上海的第一个国家批准的城市总体规划，也是一个比较全面系统的城市总体规划，为上海城市进一步发展指明了方向和目标。

在此前后，上海在讨论城市发展方向上意见还有分歧，有北上、南下、西移、东进四个方案设想。然而，从地理位置、对外资吸引力、疏解市区诸方面进行综合分析，东进开发浦东逐渐成为认同度较高的方向。上海市委在充分听取各方面意见的基础上，最终决定支持开发浦东的战略发展思路。

（二）确定目标，积极筹备

在确定开发浦东作为战略发展方向后，上海做了大量准备工作。1987年6月1日，时任上海市委书记的江泽民主持召开上海市政府第十九次常务会议，讨论开发浦东问题，强调要在科学调研分析基础上，本着积极而又慎重的原则，综合政治、经济、技术等各方面情况，抓紧进行调研，及早提出开发方案，报送中央。7月，市政府专门成立了由时任上海市副市长倪天增为组长的开发浦东联合咨询小

① 明锐，逸峰:《江泽民在上海（1985—1989）》，上海人民出版社2011年版，第273页。

组，陈国栋、胡立教、汪道涵等原市领导、老专家担任顾问，另聘请海外知名人士为海外顾问。由联合咨询小组组织的一批专家开始对开发浦东的资金、立法等15个专题进行调研，还分别考察了深圳、海南等特区，写出了多份专题报告。[①]1988年5月2日至4日，上海召开了浦东新区开发国际研讨会，请来了美国、巴西、加拿大、新加坡、联合国、世界银行、亚洲开发银行等国家和机构的国际知名专家。江泽民在会上阐明了开发浦东的必要性。他说，中国共产党第十三次全国代表大会报告指出，要进一步扩大对外开放的广度和深度……上海作为全国最大、位置最重要的一座开放城市，应该更进一步改革开放。开发浦东，建设国际化、枢纽化、现代化的世界一流新市区，是完全符合党的十三大精神的。我们一定要把这件事情办成……上海要加快外向型经济的发展，建成社会主义时代太平洋西岸最大的经济贸易中心之一，不开发浦东，只靠老市区改造是不容易实现的。[②]

自1986年起，上海先后建立了闵行、虹桥、漕河泾三个经济技术开发区，作为浦东开发的前奏。三个开发区和海外客商紧密合作，短短几年就取得了巨大成就，引起海内外的重视。为加快浦东开发开放，上海方面积极解决浦东、浦西之间的跨江交通问题，1989年开工兴建南浦大桥，计划修建杨浦大桥，基本完成第二条越江隧道，电厂、煤气厂、电话局等都在紧张筹备中。这为开发开放浦东准备了较为充足的基础条件。

（三）上报中央，引起重视

江泽民于20世纪80年代末调到中央工作。上海在朱镕基的领导下继续积极推动浦东开发。为争取中央支持，1990年朱镕基利用

① 徐文龙:《开发开放浦东的决策始末》,《中国软科学》1995年第7期。

② 江泽民:《江泽民文选》第1卷，人民出版社2006年版，第35—36页。

邓小平去上海过春节的机会向他做了专门汇报。邓小平讲，我一贯就主张胆子要放大，这十年以来，我就是一直在那里鼓吹要开放，要胆子大一点，没什么可怕的，没什么了不起。因此，我是赞成你们浦东开发的。邓小平说，你们搞晚了，搞晚了。但马上接着一句说，现在搞也快，上海人的脑袋瓜子灵光。他说，肯定比广东还要快，这对上海是大鼓舞。邓小平还说，你们要多向江泽民同志吹风。[①]1990年2月17日上午，邓小平在谈浦东开发问题时对李鹏说，你是总理，浦东开发这件事，你要管。当天下午，李鹏指示负责特区工作的国务院副秘书长何椿霖给上海方面打电话，讲了一些改革开放要注意的问题，讲了些意见。同时他问朱镕基，你有没有个东西啊，朱镕基回答，我们的报告讨论了两三个月了，总是不大满意，你要催的话，今天晚上我就加班给你送去。于是报告当天晚上就改好了，第二天就送去了。[②]2月26日，朱镕基向来上海视察的乔石汇报时也说，我们现在希望增强中央下决心的力量，批准我们这个报告。我们保证鞠躬尽瘁，死而后已，为全局做贡献，让上海真正在全国一盘棋中做出应有的贡献，我们有这个决心。[③]

1990年2月26日，上海市委、市政府向中央提出了《关于开发浦东的请示》，受到党中央、国务院的高度重视。3月初，邓小平在同江泽民等中央负责同志谈话时提出，上海是我们的王牌，把上海搞起来是一条捷径。[④]随后，李鹏指示由邹家华副总理召集国务院有关

---

①《朱镕基上海讲话实录》编辑组:《朱镕基上海讲话实录》，人民出版社、上海人民出版社2013年版，第428—429页。

②《朱镕基上海讲话实录》编辑组:《朱镕基上海讲话实录》，人民出版社、上海人民出版社2013年版，第429页。

③《朱镕基上海讲话实录》编辑组:《朱镕基上海讲话实录》，人民出版社、上海人民出版社2013年版，第429页。

④ 邓小平:《邓小平文选》第3卷，人民出版社1993年版，第355页。

部门研究浦东开发。3月28日至4月8日，受中共中央、国务院委托，时任中共中央政治局常委、国务院副总理姚依林率领国务院特区办公室、国家计委、财政部、商业部、中国人民银行、对外经济贸易部、中国银行的负责同志飞抵上海，对浦东开发问题进行专题调查研究。朱镕基三次专门汇报了相关情况。朱镕基在3月29日汇报时说，开发浦东问题的提出，道涵同志是最大的积极分子，他比我积极得多。这次小平同志、尚昆同志来上海，我们汇报了两次，是国栋同志首先提出这个问题的。[①]依林同志你两年来一次上海，这一次我希望你能彻底地解决问题，别再两年来一次了。那时再有问题，用不着你来就行了，那时是来视察，看一看。[②]在4月2日的汇报中，朱镕基讲道，中央的同志帮助上海，考虑得很周到、很稳妥，给我们很大的支持，确实是体现了党中央、国务院对上海的关怀，同时也体现了依林同志和其他同志对上海的理解和支持，这是我内心想讲的话。[③]朱镕基在汇报中讲到了开发浦东要兴建一些基础设施，需要资金，希望中央给予支持。调查团经过详细调研，向中央呈送了《关于上海浦东开发几个问题的汇报提纲》，着重阐述了开发浦东将采取实施经济开发区和某些经济特区的政策，以及建设一系列配套措施，迅速得到中央的同意和批准。

（四）水到渠成，决定开发

经过一系列准备，1990年4月18日，国务院总理李鹏借参加庆祝上海汽车城建立五周年典礼之际，向全世界宣布，中国决定加快上

---

①《朱镕基上海讲话实录》编辑组:《朱镕基上海讲话实录》，人民出版社、上海人民出版社2013年版，第439页。

②《朱镕基上海讲话实录》编辑组:《朱镕基上海讲话实录》，人民出版社、上海人民出版社2013年版，第441页。

③《朱镕基上海讲话实录》编辑组:《朱镕基上海讲话实录》，人民出版社、上海人民出版社2013年版，第441页。

海浦东新区的开发开放，指出此举是我们为深化改革、扩大开放的又一重大战略部署。6月2日，中共中央、国务院同意上海市委、市政府《关于开发浦东、开放浦东的请示》，指出，开发和开放浦东是深化改革、进一步实行对外开放的重大部署，必将对上海和全国的政治稳定与经济发展产生极重要的影响。

应该指出的是，之所以党中央高度重视，与上海方面积极作为有很大关系，也与中国谋求向世界展现改革开放形象、推动中国经济发展有很大关系。没有上海和中央的连续互动，就很难有浦东开发决策在1990年顺利地开花结果。

三、一策多赢：开发开放上海浦东的重要启示

改革开放以来，中国共产党的重大决策有不少经历了自下而上再自上而下，再上下结合的过程，带有明显的上下结合特点。不少决策过程凸显了地方政府为谋求本地经济社会发展新局面，积极主动向中央要政策要资金的方面。中共中央如果觉得符合国家利益和国家发展大局，在调查研究基础上，会尽快给予地方政府以政策支持和资金支持。从农村改革到四个经济特区的设立再到上海浦东开发开放都体现了这个决策过程。上海在20世纪80年代中期就开始谋求突破发展瓶颈，多次就上海发展方向给中央汇报，最终得到中央重视，才有了最终开发浦东决策。当然，并不是说中央对上海开放没有战略考虑。1984年上海就被作为沿海港口城市列为14个开放城市之一，并被允许设立开发区。同时，邓小平多次关心上海的开放问题，要求上海的同志紧紧抓住20世纪的尾巴，思想再解放一点，胆子再大一点，步子再快一点。这都为上海进一步对外开放提供了基础性条件。

上海浦东开发开放决策体现了国际大环境和国内小环境的互动。20世纪80年代末90年代初，经济全球化迅速发展、世界性产业结构

大调整，形成全球供大于求的买方市场，发达国家正在努力寻找新的投资高地，很多国际资本正在找出路，跨国公司把眼光纷纷投向拥有巨大市场的中国。而此时的国际政治环境对中国发展不利，不少发达国家表示要制裁中国。但私底下又与中国保持联系。美国是“制裁中国”喊得最凶的国家，但美中之间的联系并未中断。很多国家还是愿意与中国打交道、做生意的，但不知道中国会不会改变改革开放政策。因此，邓小平在20世纪80年代末就说，现在国际上担心我们会收，我们就要做几件事情，表明我们改革开放的政策不变，而且要进一步地改革开放。[①]就国内小环境而言，中国改革开放十年了，无论是改革还是开放都到了总结经验、提质增效的阶段，需要在改革开放上迈出关键步伐，用深化改革扩大开放解决中国面临的发展难题，推动中国经济社会再发展。开发开放浦东，就是在这个国际国内环境互动过程中完成的，也呼应了邓小平所说的要做几件事情的想法。1992年召开的党的十四大还做出决定，以上海浦东开发为龙头，进一步开放长江沿岸城市，尽快把上海建成国际经济、金融、贸易中心之一，带动长江三角洲和整个长江流域地区经济的新飞跃。

上海浦东开发开放带来的影响是巨大的，向世界展现了中国改革开放的决心，让那些怀疑改革开放旗帜能打多久的人吃了定心丸，带动了上海、长江三角洲乃至整个长江领域的发展，使得中国经济增长获得长三角、珠三角双引擎，打开了中国改革开放的新局面。2019年浦东新区地区生产总值是1990年60.24亿元的211倍，创造的GDP占大陆GDP的1/80，人均GDP达到22.9万元，折合3.32万美元，达到中上等收入国家水平。在浦东开发开放30周年大会上，习近平总书记指出，浦东创造性贯彻落实党中央决策部署，取得了举世瞩目的

① 邓小平:《邓小平文选》第3卷，人民出版社1993年版，第313页。

成就，经济实现跨越式发展，改革开放走在全国前列，核心竞争力大幅度增强，人民生活水平整体性跃升。浦东开发开放30年取得的显著成就，为中国特色社会主义制度优势提供了最鲜活的现实明证，为改革开放和社会主义现代化建设提供了最生动的实践写照。实践充分证明，党的十一届三中全会以来形成的党的基本理论、基本路线、基本方略是完全正确的；改革开放是坚持和发展中国特色社会主义、实现中华民族伟大复兴的必由之路；改革发展必须坚持以人民为中心，把人民对美好生活的向往作为我们的奋斗目标，依靠人民创造历史伟业。[①]

可以说，这一重大对外开放战略的确定实施，实现了一策多赢。这一决策是在决策体制变革的进程中做出的，是在新一届中央领导集体刚刚组建表示锐意推进改革、老一辈革命家坚决支持的情况下做出的，体现了这一阶段决策体制变革的过渡性特点。同时，也反映了改革开放以来中国共产党重大改革决策普遍的特点，即“问题倒逼”。浦东开发开放就是在打造中国改革开放形象、寻找中国经济增长极的问题中得以决策的。

为支持上海浦东在新时代新征程上再创辉煌，中共中央、国务院于2021年4月印发《中共中央 国务院关于支持浦东新区高水平改革开放打造社会主义现代化建设引领区的意见》，赋予浦东全新的主题词：“更高水平改革开放的开路先锋”“全面建设社会主义现代化国家的排头兵”“彰显‘四个自信’的实践范例”。[②]我们有理由充分相信，经过不懈努力，上海浦东的明天会更加美好。

---

①《浦东开发开放30周年庆祝大会隆重举行 习近平发表重要讲话》，《人民日报》2020年11月13日第1版。

②《中共中央 国务院关于支持浦东新区高水平改革开放打造社会主义现代化建设引领区的意见》，人民出版社2021年版，第2页。

邓小平南方谈话与改革开放的不断深入

在中国改革开放大潮中，中共领导人邓小平在一段时期内起到了关键作用。比如他在党的十一届三中全会上发表重要讲话引领前进方向，当有的干部把农民自发搞起来的包产到户和农贸市场作为资本主义准备打压的时候，邓小平明确主张，不要动，等一等，看一看。在经济特区遇到困难时又是他在调研后鲜明表态。尤其是他在1992年初发表的南方谈话，更具指导性、针对性，是中国改革开放史上的一篇纲领性文献，指引着中国改革开放劈波斩浪阔步前行。

一、发表南方谈话

在苏东局势变化的复杂背景下，姓“社”姓“资”的争论起来之后，中国改革发展的步伐慢了下来。1990年，中国经济发展出现滑坡。个体经济下降50%，私营经济下降15%。1984年至1988年，全国GDP增速分别为15.2%、13.5%、8.8%、11.6%、11.3%。但1989年是4.1%，1990年降到3.8%。[①]对此，邓小平看在眼里，急在心里，他认为，使我们真正睡不着觉的，恐怕长期是这个问题。[②]

关键时刻，改革开放的总设计师邓小平挺身而出，发表谈话，扭转方向。1990年12月24日，邓小平同当时的中共领导人谈话时指出：

① 陈一然:《亲历共和国60年——历史进程中的重大事件与决策》，人民出版社2009年版，第278页。

② 邓小平:《邓小平文选》第3卷，人民出版社1993年版，第355页。

"我们必须从理论上搞懂，资本主义与社会主义的区分不在于是计划还是市场这样的问题……不要以为搞点市场经济就是资本主义道路，没有那么回事。计划和市场都得要。不搞市场，连世界上的信息都不知道，是自甘落后。"[①]邓小平这番话是在释放要搞市场经济的强烈信号。

1991年2月，邓小平到上海过春节，在和上海市委书记朱镕基等谈话时指出，"不要以为，一说计划经济就是社会主义，一说市场经济就是资本主义，不是那么回事，两者都是手段，市场也可以为社会主义服务"。[②]这话很有针对性。但这是内部的，很多人不知道。上海方面在朱镕基的支持下，以皇甫平的笔名发表了四篇文章，把邓小平的意思透露和发挥出来。但这样的文章招致了一些人的严厉批评。

在这种形势下，改革会怎样进展还很难说。社会主义阵营的老大哥苏联宣告解体20天后，1992年1月17日，88岁高龄的邓小平启程南下，开始他一次历史性的南方之行。邓小平是带着对中国改革开放极其忧虑、极其紧迫的心情上路的。他先后来到武昌、深圳、珠海、上海等地视察，前后35天时间，一路走，一路讲。这就是著名的"南方谈话"。邓小平指出，市场经济不等于资本主义，计划经济不等于社会主义。计划和市场都是经济手段。针对"左"的问题，他说主要是防止"左"。有些理论家、政治家，拿大帽子吓唬人的，不是右，而是"左"。把改革开放说成是引进和发展资本主义，认为和平演变的主要危险来自经济领域，这些就是"左"。

邓小平的谈话，犹如一股强烈的春风，吹散了笼罩在人们头脑里姓"社"姓"资"的思想禁锢，推动了中国市场经济改革的历史进程。中国共产党上下通过农村和城市的生动实践，认识到苏东剧变的重要原因就是它们的改革思路出了问题，老百姓没有得实惠，从而丧失了

① 邓小平:《邓小平文选》第3卷，人民出版社1993年版，第364页。

② 邓小平:《邓小平文选》第3卷，人民出版社1993年版，第367页。

百姓的支持，中国不能步苏东后尘，必须坚持市场取向的改革，让老百姓得实惠，从而赢得百姓的支持。

二、核心至关重要

一个大国、一个大党的领导集体，没有核心是靠不住的。古今中外的历史都表明，一个优秀的领导人是多么关键和重要。中国共产党之所以能够取得革命成功，与毛泽东密不可分；中国改革开放之所以取得历史性成就，与邓小平密不可分。

以邓小平为主要代表的中国极其优秀的领导集体在中国改革开放过程中发挥的作用非常大。在中国这样的大国，没有强有力的、经验丰富的和富有远见的领导人，就很难开创和顺利推进改革开放事业。

美国著名学者傅高义认为，邓小平这样的领袖，不仅在中国，而且在全世界都是最杰出的，他所具有的经验、威望和眼光在当时的世界上可以说是独一无二的。俄罗斯和东欧的一些政要和学者也指出，中国有邓小平这样的领导者是十分幸运的，苏联东欧国家改革失败，一个很重要的原因就是找不到能担当起改革重任的称职的领导人。

在邓小平的支持下，中国还比较成功地解决了新、老领导班子的交替问题。这样，中国的经济改革才能步步深入。美国《时代》周刊曾两次评选邓小平为新闻人物。该刊认为："邓小平倡导的全面的经济改革，解放了10亿人民的生产力。邓小平实行的改革使中国人民日常生活已发生了巨大变化，使时隔短短几年再次造访中国的外国人几乎都难以相信。在改变人民生活这一点上，没有哪个国家领导能比得上邓小平。"

三、学习邓小平的改革智慧

改革开放以来，邓小平带领中国改革取得巨大成功，使中国实现了从站起来到富起来的伟大跨越。回过头看，在那种矛盾错综复杂、困难重重的情况下，凝聚改革共识，抓住关键环节，迅速摆脱困境，没有高超的领导艺术和改革智慧是不可能实现的。在中国特色社会主义新时代，学习研究邓小平的改革智慧，对于全面深化改革颇有裨益。

从决定性环节入手。“文化大革命”结束后，国内遗留问题多，事情千头万绪，人们思想不统一，中国面临向何处去的重大历史关头。思想指导行动。邓小平十分看重思想路线，果断把思想路线的拨乱反正作为突破口。他一重新出来工作就明确反对“两个凡是”。1978年6月2日，邓小平在全军政治工作会议上旗帜鲜明地支持真理标准问题大讨论。随后他在12月13日举行的中央工作会议上的讲话，通篇贯穿解放思想、实事求是的精神，明确指出：“一个党，一个国家，一个民族，如果一切从本本出发，思想僵化，迷信盛行，那它就不能前进，它的生机就停止了，就要亡党亡国。”[①]在他的率先垂范下，党内外形成一种强大的思想解放潮流，为党的十一届三中全会胜利召开、重新确立党的思想路线奠定扎实基础。如果不从思想上进行拨乱反正，就很难开出新路。而40多年前的思想解放恰恰是推进改革、闯出新路的关键环节。邓小平以高超的政治智慧紧紧抓住了这个环节，极大地推进了中国改革。邓小平善于抓关键环节还表现在很多方面，比如他重新出来工作首先就要求分管教育、科技，实际上是抓住了中国未来发展的关键。发展主要靠人，靠科技。没有人才，没有科技创新，哪有中国改革的突飞猛进？毛泽东曾赞扬邓小平“人才难得”，关键时刻，邓小平的改革智慧发挥得淋漓尽致。

对的就坚持，不对的抓紧改。改革过程是一个充满不确定性的过

① 邓小平：《邓小平文选》第2卷，人民出版社1994年版，第143页。

程，也是一个试错的过程，没有经验可以借鉴，只能摸着石头过河。既然没有经验，就难免在改革中闯“红灯”、犯错误。对此，邓小平多次强调，改革不能像小脚女人，迈不开步子。要敢于试验。对的就坚持，不对的抓紧改。[①]中国改革初期确实由于缺乏经验，在某些方面存在失误。但就是因为敢坚持、尽快改，所以没犯大的错误。这实际上符合事物发展的规律。事物发展没有一帆风顺，而是曲折向前、螺旋式上升的过程。摸着石头过河，总会有摸不着、失足的时候。关键是不断总结经验，少犯错误。我们定下来的好政策，必须保持战略定力，不能一有风吹草动就动摇。在20世纪80年代末90年代初，邓小平多次强调改革开放以来的路线方针政策“不能动”“不能变”。他强调：“要坚定不移地执行党的十一届三中全会以来制定的一系列路线、方针、政策，要认真总结经验，对的要继续坚持，失误的要纠正，不足的要加点劲。”[②]在1992年初南方谈话时他又强调，党在社会主义初级阶段的基本路线一百年不动摇。[③]相比1956年党的八大制定了好政策，遇到一些情况就变了，结果给党和国家事业带来损失，就会理解“对的就坚持”蕴含的大智慧。

善于运用辩证法。邓小平是善于运用辩证法的大师。毛泽东曾称赞道：“要照辩证法办事。这是邓小平同志讲的。”[④]通读《邓小平文选》《邓小平文集》等著作，发现很多语句都闪耀着辩证法的光芒。在真理标准大讨论中，有的杂志表示“不卷入”。邓小平一针见血地指出，看来不卷入本身可能就是卷入。[⑤]1979年3月，邓小平在坚持

① 邓小平：《邓小平文选》第3卷，人民出版社1993年版，第372页。

② 邓小平：《邓小平文选》第3卷，人民出版社1993年版，第308页。

③ 邓小平：《邓小平文选》第3卷，人民出版社1993年版，第370—371页。

④ 中共中央文献研究室：《毛泽东文集》第7卷，人民出版社1993年版，第200页。

⑤ 中共中央文献研究室：《邓小平年谱：一九七五—一九九七》（上），中央文献出版社2004年版，第444页。

四项基本原则的讲话中指出，社会主义社会中的阶级斗争是一个客观存在，不应该缩小，也不应该夸大。缩小了或夸大了，都要犯严重的错误。[①]在分析国内20世纪80年代末的情况时，邓小平说，十年最大的失误是教育，主要讲思想政治教育……一手比较硬，一手比较软，从而提出“两手都要抓，两手都要硬”的著名口号。[②]在南方谈话中，他富有辩证智慧的语句更是比比皆是，现在，周边一些国家和地区经济发展比我们快，如果我们不发展或发展得太慢，老百姓一比较就有问题了……低速度就等于停步，甚至等于后退……抓住时机，发展自己，关键是发展经济。我国的经济发展，总要力争隔几年上一个台阶。当然，不是鼓励不切实际的高速度，还要扎扎实实，讲求效益，稳步协调地发展。1993年，邓小平在同弟弟邓垦聊天时还指出，过去我们讲先发展起来。现在看，发展起来以后的问题不比不发展时少。[③]这些富有辩证智慧的话语至今读起来都很受启发，很值得琢磨。

相信群众依靠群众。邓小平指出，群众是我们的力量源泉，群众路线和群众观点是我们的传家宝。改革开放以来，邓小平高度重视群众的力量、群众的智慧，善于把群众的智慧转化为国家层面的政策。他说过：“农村搞家庭联产承包，这个发明权是农民的。农村改革中的好多东西，都是基层创造出来，我们把它拿来加工提高作为全国的指导。”[④]农村社队企业也是中国基层的一大创造。国有企业在改革初期曾经试过的承包制，就是受到农民承包土地的启发。这些例子都表明，蕴藏在群众中的智慧是无穷的，我们必须毫不动摇地坚持群众路

① 邓小平：《邓小平文选》第2卷，人民出版社1994年版，第182页。

② 邓小平：《邓小平文选》第3卷，人民出版社1993年版，第306页。

③ 中共中央文献研究室：《邓小平年谱：一九七五—一九九七》（下），中央文献出版社2004年版，第1364页。

④ 邓小平：《邓小平文选》第3卷，人民出版社1993年版，第382页。

线。同时，邓小平还反复强调，应当把人民拥护不拥护、赞成不赞成、高兴不高兴、答应不答应作为党制定各项方针政策的出发点和归宿，显示出了他的深沉为民情怀。只有站稳了人民立场，才能真正推进改革，让人民共享改革果实。

鼓励试鼓励闯。1978年以来的中国改革开放很大程度上是摸着石头过河试出来、闯出来的。邓小平在南方谈话中说道："深圳的重要经验就是敢闯。没有一点闯的精神，没有一点'冒'的精神，没有一股气呀、劲呀，就走不出一条好路，走不出一条新路，就干不出新的事业。不冒点风险，办什么事情都有百分之百的把握，万无一失，谁敢说这样的话？一开始就自以为是，认为百分之百正确，没那么回事，我就从来没有那么认为。"[①]从包产到户到设立经济特区，从开发开放上海浦东到提出搞市场经济，都是邓小平时代中国人敢闯敢试的大胆之举。鼓励探索创新是中国共产党的优良传统，也是中国改革开放的宝贵经验。我们必须继续鼓励大胆探索、勇于开拓。

不争论。邓小平说过，不争论是他的一大发明。但从实际上看，40多年的改革开放历程是在争论中开始也是在争论中不断前进的。不争论不是不允许争论，而是不要因为争论浪费宝贵时间、耽误国家事业发展；不要因为争论模糊前进方向，从而把路走偏、走错。真理标准讨论期间，他就说争得好，争论的根子在"两个凡是"。后来，争论在一定范围内还存在，但没有危及中国改革开放大局。这体现了中国领导人推进改革开放的政治智慧。

大处着眼。有人曾经描述邓小平的行事风格是举重若轻。确实，邓小平善于观大势、谋大事、抓大事。据著名史学家金冲及回忆说，当《邓小平文选》第3卷编辑工作完成时，邓小平曾语重心长地说，

① 邓小平：《邓小平文选》第3卷，人民出版社1993年版，第372页。

这本书有针对性，教育人民，现在正用得着。不管对现在还是对未来，我讲的东西都不是从小角度讲的，而是从大局讲的。[①]无论是在1978年9月东北之行中号召大家集中精力解放和发展生产力，还是在1992年南方谈话中指出，不坚持社会主义，不改革开放，不发展经济，不改善人民生活，只能是死路一条[②]，邓小平都是从大处着眼、从党和国家事业发展大局讲的。今天学习邓小平，也应该从大局的高度来领会他的领导艺术和改革智慧。

正是在邓小平的引领之下，中国航船成功穿过历史巨浪，沿着正确的方向，继续改革开放。党的十四大明确了建立社会主义市场经济体制的改革目标，党的十五大高高举起邓小平理论，西部大开发战略、科教兴国战略、依法治国方略等一系列重大战略的出台，推动着中国航船快速前行。正是中国继续坚持了改革开放，才避免了苏东悲剧，才迎来了一个又一个的黄金发展期。

① 中共中央文献研究室:《邓小平年谱：一九七五—一九九七》(下)，中央文献出版社2004年版，第1362页。

② 邓小平:《邓小平文选》第3卷，人民出版社1993年版，第370页。

社会主义市场经济体制是如何建立的

传统观点认为市场经济等于资本主义，计划经济才是社会主义的，根本不相信社会主义能同市场经济结合起来。1991年，英国前首相撒切尔夫人来到中国进行友好访问。访问期间，她和中国领导人江泽民就市场经济问题发生了争论。撒切尔夫人说，社会主义和市场经济不可能兼容，社会主义不可能搞市场经济，要搞市场经济就必须实行资本主义，实行私有化。她的这一观点在资本主义世界很有代表性，但并没有得到江泽民的认同。一年后，江泽民就在中国共产党全国代表大会上宣布中国经济体制改革的目标是建立社会主义市场经济体制。中国共产党的这一举动，使全世界为之吃惊。然而更令世界上对中国有兴趣的人迷惑不解的是，中国共产党领导的社会主义市场经济建设，居然搞得有声有色、风生水起，中国经济社会发展取得重大成就。为什么中国共产党能把社会主义和市场经济结合在一起？中国的社会主义市场经济体制又是如何建立的呢？这些问题的答案就在改革开放的历程之中。

一、计划经济的老路子走不通了

关于计划与市场的关系问题，经济学家争论了整整一个世纪。在世界上率先提出计划经济的是意大利经济学家帕累托。他在1902年至1903年出版的两卷本《社会主义制度》一书中，第一次提出设立“社会主义生产部”的设想，由它实行经济计划。后来，赞成帕累托观点的人和反对帕累托观点的人，各有阐述又各不相让。由于争论双方都是专家学者，并没有联系社会政治制度和意识形态。苏联是世界上第一个把上述理论和实践结合起来，并与社会主义制度相联系，形成计划经济模式的国家。由于苏联在短时间内取得巨大成就，特别是在第二次世界大战中击败了入侵的法西斯德国，很多国家向其学习，纷纷建立社会主义国家并实行计划经济。与此同时，世界范围内渐渐形成了一种固定论断：社会主义等于计划经济，市场经济等于资本主义。

中国共产党刚取得执政地位时，毛泽东曾感慨地说，现在我们能造什么？能造桌子椅子，能造茶壶茶碗，能种粮食，还能磨成面粉，还能造纸，但是，一辆汽车、一架飞机、一辆坦克、一辆拖拉机都不能造。[①]怎么办？中国共产党将寻求帮助的目光投向苏联，仿照苏联制定优先发展重工业的发展战略，建起计划经济体制。通过实施五年计划，毛泽东和他的战友们面临的糟糕情况得到迅速改变，原子弹、氢弹爆炸成功，卫星也上天了，中国人有了自己制造的第一辆汽车、第一架飞机、第一辆坦克……

随着经济建设规模的日益扩大，产品数量和人们需求的日益增加且变动不居，中国的计划经济体制弊端也逐渐暴露。一是所有制结构单一。一度片面追求“一大二公”，要搞纯而又纯的公有制。有些地方的农民多养几只鸡、搞个体运输，都被视作资本主义。二是经济决策权过于集中，企业成为行政部门的下属单位，缺乏自主权。一个大厂的厂长手头只有500元的自主权，买个打字机、翻改一个厕所都必须向上级行政部门请示。北京各部委招待所里面住满了来请示报批的企业人员。三是靠指令性计划配置资源，市场机制被完全排斥在外。在20世纪80年代的中国重工业基地辽宁沈阳，生产铜的沈阳冶炼厂

① 中共中央文献研究室：《毛泽东文集》第6卷，人民出版社1993年版，第329页。

和需要铜的沈阳电缆厂就在一条马路的两侧，但沈阳电缆厂需要的铜不能去冶炼厂买，而要服从国家计划安排从南方运来，造成红铜大旅行，每吨运费增加四五百元。一年需要17000多吨铜的沈阳电缆厂，仅运费每年就多支出几百万元，造成极大浪费。原因就在于沈阳电缆厂归机械部管，沈阳冶炼厂归冶金部管，企业原材料都是归口单位调拨。难道中国人不知道用市场来配置资源、提高效率吗？很大程度上原因在于，当时，中国和很多社会主义国家一样，计划经济等于社会主义、资本主义才等于市场经济的观念根深蒂固。

僵化的计划经济体制造成经济社会发展效益不高，人民生活日益陷入窘迫。什么都缺，什么都少。没办法，中国共产党不得不依靠票证来管理国家。中国人出差、上学、办事甚至买菜、买酱油都要票。人们生活基本靠票，什么粮票、布票、豆腐票、粉条票，等等，名目繁多，数不胜数，其中粮票被称为第一货币。匈牙利经济学家科尔奈将这种现象称为短缺经济。1978年，中国10亿人口中有2.5亿人生活在温饱线以下。

针对这种情况，有的中国共产党高级领导人曾说，建国快三十年了，现在还有讨饭的，怎么行呢？如果老是不解决这个问题，恐怕农民就会造反，支部书记会带队进城要饭。[①]

昔日辉煌的邻居苏联老大哥，计划经济的绩效也乏善可陈，不仅增长率持续下降，而且效率也在下滑。1951年至1960年年均增长还在10.1%，1976年至1980年已下降到4.3%，苏联学者估计这个时期增长率仅为1%。而标志着经济效益高低的全要素生产率也降为负数。

中国实际和苏联困境都向中国共产党发出一个强烈信号——继续走计划经济的老路行不通了。

---

① 陈云:《陈云文选》第3卷，人民出版社1995年版，第236页。

二、社会主义也可以搞市场经济

何以解忧，唯有改革！面对成堆成山的难题，邓小平提出“不改革就是死路一条”，并针对计划经济条件下企业没有自主权的情况，主张先从扩大企业自主权开始。他还针对存在的关于计划与市场关系的僵化认识，指出，市场经济只存在于资本主义社会，只有资本主义的市场经济，这肯定是不正确的。社会主义也可以搞市场经济。把这当作方法，不会影响整个社会主义，不会重新回到资本主义。

经济学家们也活跃起来，针对计划经济限制市场作用的缺点，提出经济建设要遵循价值规律，发挥市场作用。

不甘挨饿的安徽省凤阳县小岗村的十几户农民为了解决吃饭问题，在土地经营权协议上按下红手印，自发地搞起了包产到户，点起了中国农村改革的星火。所谓包产到户就是把土地分成小块，农民以户为单位自己耕种，在保证国家、集体要求的粮食任务后，留下的都是自己的。这种制度安排大大激发了农民的劳动积极性，粮食产量当年翻番。很多地方的农民也模仿着把包产到户的做法悄悄地推开了，20年挨饿的问题，居然因此而在几年内就得到基本解决。后来国家将这种做法予以规范并冠名为农村家庭联产承包责任制。农民有了使用土地的自主权后，开始利用广阔的市场，他们有的尝试种植经济作物和发展养殖业，有的炒卖瓜子赚了大钱，有的承包鱼塘发家致富，有的则利用祖传秘方卖烧鸡也发了财。中国共产党对此的态度是“允许试”，并将农民的智慧创造运用到城市，推动国有企业改革。

城市里的大量待业青年，在中国共产党的允许下纷纷自谋生路，开始闯荡市场。个体经济、私营经济如雨后春笋般迅速出现并得到快速发展。至今还在北京前门边上的大碗茶饮品公司，就是那时候的一些待业青年搞起来的，现在他们已经成了中国的富人。中国的对外开放也迈出了大步。在1979年设立深圳等四个经济特区的基础上，1984年5月一下子开放了上海、青岛、北海等14个沿海港口城市。这些对外开放的前沿阵地采取市场趋向的政策，比内地发展快多了。

实践表明，整个国家发挥市场作用好的地方，经济就发展得比较快；反之就比较慢。在这种情况下，有着实事求是传统的中国共产党，决心继续推进经济体制改革。1984年10月20日中国共产党通过《中共中央关于经济体制改革的决定》，突破了把计划经济和商品经济对立起来的传统观念，明确社会主义计划经济必是在公有制基础上的有计划的商品经济。在一些经济学家眼里，商品经济在某种意义上是市场经济的代名词。但这一文件还是有些羞羞答答，计划和市场的关系并未明确定位。三年后中国共产党又提出社会主义经济是公有制基础上的有计划的商品经济，经济运行的模式是"国家调节市场，市场引导企业"，首次明确了计划和市场的作用都是覆盖全社会的。有学者说这和社会主义市场经济的提法，只隔一层窗户纸了。但就是要在捅破这层"窗户纸"的时候，中国共产党又遇到了新问题。

当时，与中国同属社会主义阵营的苏联东欧，改革陷入困境，政局动荡不安，经济滑坡现象严重，共产党的执政地位岌岌可危。从波兰开始，多米诺骨牌效应出现了，东欧社会主义国家的共产党纷纷失去执政地位。1991年12月，世界上最大的社会主义国家——苏联解体。仅仅两年时间，苏东社会主义国家就土崩瓦解。国际上很多人议论，下一个就轮到中国了。

面临如此严峻的外部形势，中国内部也出现了不同的意见，有的人认为这是市场取向的改革没有彻底带来的，应该继续坚持改革；而有的人则认为经济和思想的混乱，都是因为搞市场经济造成的。此时的中国共产党，该把中国引向哪一条发展道路呢？

三、建立社会主义市场经济体制

1992年1月17日，已经88岁高龄的邓小平坐着专列开始了南方之行。他先后到了深圳、珠海、上海。一路上，他发表了很多重要言论，对中国经济发展影响巨大。邓小平把反对改革的人比喻为“小脚女人”。

在这次视察南方过程中，邓小平提出，计划多一点还是市场多一点，不是社会主义与资本主义的本质区别。计划经济不等于社会主义，资本主义也有计划；市场经济不等于资本主义，社会主义也有市场。计划和市场都是经济手段。[①]这一论断冲破了长期笼罩在中国人头上的计划、市场与意识形态关系的迷雾，明确了计划和市场的手段性质，为推动中国改革开放起到了至关重要的作用。

2月28日，中央发出《关于传达学习邓小平同志重要谈话的通知》，将邓小平谈话的要点迅速传达到全体党员干部。3月26日，一篇以邓小平考察深圳为内容的长篇通讯《东方风来满眼春》刊发在《深圳特区报》上，通讯很快被新华社和国内各大媒体转发。3月底，中央电视台播放了一部关于邓小平视察南方的新闻纪录片，中共中央机关报《人民日报》公开了邓小平的重要谈话内容。

但中国到底要确立什么样的经济体制改革目标？邓小平并没有明说。作为邓小平的继任者，20世纪80年代末当选为中共中央总书记的江泽民也在思考。1992年4月1日晚上11点多，江泽民给负责研究经济体制改革方案的国家体改委主任陈锦华打电话说，现在改革开放处在一个非常重要的时刻，下一步该怎么办，大家都在等待，也有点着急，体改委好好研究一下，向中央提出建议。[②]

---

① 邓小平:《邓小平文选》第3卷，人民出版社1993年版，第373页。

② 沈传亮、李庆刚:《三中全会：中共重大改革决策实录》，人民出版社2014年版，第100页。

4月15日，陈锦华召集广东、山东等五个省体改委主任开会，主要议题是计划与市场关系问题。座谈会采取高度保密措施，规定不带助手、不做记录、议论不外传。会上大家一致同意采取社会主义市场经济的提法，因为这几个省的实践表明市场化程度高的区域经济发展较快。会议报告直接送达江泽民的办公室。

在座谈会召开前，国家体改委还召开了“经济体制转换国际研讨会”，美国前国务卿基辛格在提交的文章里指出，现实生活中不存在纯粹的市场制度和计划经济，美国是最开放的市场经济，但政府在一些要害部门中发挥着重要作用；世界各地的领导人不约而同得出这样一个结论：总的来说，市场为持续经济发展提供了较好的基础。但实现这一目标的方式与试图改革的国家一样多，改革过程必须与各个国家的经济社会文化环境相一致。[①]这一文章也被陈锦华一并送给了江泽民参阅。

1992年5月16日，中共中央政治局通过《关于加快改革，扩大开放，力争经济更好更快地上一个新台阶的意见》，对贯彻落实邓小平南方谈话精神做出进一步部署。

在一系列调研和思考的基础上，1992年6月9日，江泽民在中央党校发表重要讲话指出，邓小平南方谈话后，思想理论界在对计划和市场、建立新经济体制问题的认识上又有一些新的提法。大体上有这么几种：一是建立计划与市场结合的社会主义商品经济体制，二是建立社会主义有计划的市场经济体制，三是建立社会主义的市场经济体制。究竟哪一种更切合我国的经济实际，更易于为大多数同志所接受，更有利于促进我国经济建设的发展，还可以继续研究，眼下不必忙于作出定论。不过，我想在党的十四大报告中，总得最后确定一种

---

① 陈锦华：《国事忆述》，中共党史出版社2005年版，第210页。

大多数同志都赞同的有关经济体制的比较科学的提法……我个人的看法，比较倾向于使用“社会主义市场经济体制”这个提法……虽然这是我个人的看法，但也与中央一些同志交换过意见，大家基本上是赞成的。[①]实际上，当时参加这次会议的人员，除了在中央党校学习的学员外，更多的是中国共产党重要部门和各个省市的主要负责人。通过这一方式，江泽民把改革的意图透露出来。后来在中国共产党内部形成惯例，中央的重大决策都要以这种方式和高级干部进行沟通，统一思想。

就此江泽民向邓小平做了汇报。邓小平说，实际上我们是在这样做，深圳就是社会主义市场经济。不搞市场经济，没有竞争没有比较，连科学技术都发展不起来。还说，在党校的讲话可以先发内部文件，反应好的话，就可以讲。这样十四大也就有了一个主题了。[②]

1992年10月召开的党的十四大，明确提出中国经济体制改革的目标是建立社会主义市场经济体制。邓小平在家里看完党的十四大召开实况后说，讲得不错，我要为这个报告鼓掌。后来还说这件事做得有分量。[③]1993年，“国家实行社会主义市场经济”被列入《中华人民共和国宪法》，党的政策变成了法律条文。

谁也不会想到，中国还会因为“市场经济”四个字在加入WTO路上耽误了整整六年光阴。20世纪80年代，中国对外称实行商品经济体制。入世谈判时，外国人不了解什么用意。美国在审议过程中直截了当地说，他们只知道世界上有两种经济体制，一种是计划经济，另一种是市场经济，没听说过还有一种“商品经济”，要求中方明确

---

① 江泽民：《江泽民文选》第1卷，人民出版社2006年版，第202页。

② 中共中央文献研究室：《邓小平年谱：一九七五—一九九七》（下），中央文献出版社2004年版，第1347—1348页。

③ 中共中央文献研究室：《邓小平年谱：一九七五—一九九七》（下），中央文献出版社2004年版，第1355页。

说明中国到底是哪一种经济体制。当时中国方面也讲不清楚。最后西方谈判代表就问一个问题，“中国搞不搞市场经济?”当时参与谈判的中方代表迫于国内政治氛围，谁也不敢讲！一直到1992年，党的十四大明确提出要建立社会主义市场经济体制的目标以后，中国代表团才对其他国家的代表讲，中国也搞市场经济，不过是在社会主义条件下搞。这依然在当时的日内瓦引起极大轰动，会议当即做出决定，结束对中国经济贸易体制的审议。僵持不下的“入世”谈判进程不仅重新启动，而且步入了市场准入的实质性阶段。而此时距中国1986年提出入世申请已有六年之久。

四、市场经济的中国气派

有时候，外国人和中国人看的明明是同一场戏，但可能看到的却是不同的场景。

锐意创新的中国共产党提出社会主义市场经济体制的改革目标后，很多国外人士却认为，这是中共的又一个“语言烟幕弹”。因为世界上的市场经济模式主要有美国的自由市场经济模式、法国的有计划的市场经济模式、德国的社会市场经济模式、瑞典的福利国家市场经济模式、日本的政府主导型市场经济模式等五种，而中国的社会主义市场经济不属于上面的任何一种。显然，中国有自己的特点。

有人对社会主义市场经济这个提法有疑问，说市场经济还有资本主义和社会主义之分吗?社会主义四个字要不要都无所谓。就此，江泽民曾解释说，社会主义本身是有计划的意思，社会主义四个字加在市场经济前面不是“画蛇添足”，而是画龙点睛。美国学者库恩对此理解是社会主义这个修饰词，某种程度上的确精确刻画了中国当前的经济政策，哪怕只是为了把中国的经济政策与西方式的资本主义区分开来。[①]中国人出于稳定的考虑，想保持一定程度的中央控制，以缓和日渐扩大的贫富差距，后者是自由市场资本主义的必然产物。

实际上，社会主义这个定语如江泽民所说，点明了中国搞市场经济的目标和性质，中国的市场经济是同社会主义的基本经济制度即以公有制为主体、多种所有制经济共同发展的经济制度紧紧结合在一起的。西方国家的市场经济是在资本主义制度下搞的，而中国的市场经济是在社会主义制度条件下进行的，这是一种前无古人的探索，社会主义市场经济的创造性在这里，特色也在这里。中国共产党的宗旨是全心全意为人民服务，社会主义本身就含有公平、公正的意思。计划可以矫正市场经济的外部性问题，中国共产党可以通过宏观调控解决市场失灵的问题。中国共产党非常重视运用经济手段、法律手段甚至行政手段来调控市场运营，保障市场的健康发展。当金融危机肆虐全球、多国经济受到重挫的时候，中国社会主义市场经济体制的优势令世界很多国家为之赞叹。中国的市场经济显示出强大的统合力，可以集中精力、集中时间、集中国力共同对付金融危机，这种政治制度的优越性和市场优越性的充分结合，令很多资本主义国家羡慕。

中国共产党运用东方智慧，尊重实践，敢于创新，既扩大了市场作用，同时也没有忽视计划的积极价值。市场的魔力在中国共产党的驾驭下得到充分发挥，中国经济体制改革取得巨大成就，曾任世界银行副行长的林毅夫将其称为“中国奇迹”。从总体上看，市场推动了中国这样一个人口众多贫穷落后的发展中大国，以世界上罕见的速度快速发展起来。1979年到2022年，国内生产总值从2165亿美元增加到18万亿多美元，中国经济总量占世界经济的份额有显著提升，从1978年的1.8%增至2022年的超过18%。目前，中国是世界第二大经

① ［美］罗伯特·劳伦斯·库恩：《中国30年：人类社会的一次伟大变迁》，吕鹏等译，上海人民出版社2008年版，第119页。

济体、制造业第一大国、货物贸易第一大国、商品消费第二大国、外资流入第二大国，外汇储备连续多年位居世界第一。

从制度层面上看，在向市场经济迈进的过程中，中国社会主义初级阶段的基本经济制度已经确立，完成了从改革前“一大二公”的单一公有制到实行以公有制为主体、多种所有制经济共同发展的转变，资源配置方式也从计划配置为主转变到市场配置为主。适合生产力发展要求的农村经济体制基本建立，国有企业改革取得重大进展，新宏观调控体系逐步健全，现代市场体系全面建构，收入分配制度发生根本变化，社会保障制度基本形成，对外开放不断扩大。

当然，中国共产党认为社会主义市场经济体制依然需要完善。2007年11月召开的党的十七大把完善社会主义市场经济体制作为实现未来经济发展目标的关键，提出了进一步完善社会主义市场经济体制的任务。新时代以来，我们党积极采取措施努力完善社会主义市场经济体制。2013年11月召开的党的十八届三中全会明确提出了以经济体制改革为重点的一揽子改革方案，就全面深化改革做出顶层设计，强调发挥市场在资源配置环节的决定性作用，让政府有效发挥作用。党的二十大、二十届三中全会都对经济体制改革做出了部署。

邓小平1977年第三次复出时，曾感慨地说，我们太穷了，太落后了，老实说对不起人民……外国人议论中国人究竟还能忍耐多久，我们要注意这个话。[①]如果他能看到今天中国在市场作用下取得的成就、发生的巨变，一定会感到欣慰。

① 中共中央文献研究室：《邓小平思想年谱：一九七五——一九九七》，中央文献出版社1998年版，第81页。

党的十八届三中全会具有划时代意义

经过周密筹备，党的十八届三中全会顺利召开。这次全会延续改革开放以来历次三中全会都聚焦改革的光荣传统，就全面深化改革做出顶层设计，审议通过了《中共中央关于全面深化改革若干重大问题的决定》(下文简称《决定》)，明确了全面深化改革总目标，从经济、政治、文化、社会、生态文明等方面做出改革部署，并明确提出全面深化改革的时间表和路线图，吹响了全面深化改革的号角。同党的十一届三中全会一样，党的十八届三中全会是一次具有划时代意义的会议。它以开启全面深化改革开放新境界而载入史册。

一、党的十八届三中全会的筹备

2013年4月，新一届国家机构换届选举刚刚完成。中共中央政治局从历史经验和现实需要的高度，就做出了一项意义重大而深远的历史决策——党的十八届三中全会重点研究全面深化改革问题并做出决定。

中共中央政治局同时批准成立党的十八届三中全会文件起草组，由习近平总书记亲自担任组长。这是进入新世纪以来党的最高领导人首次担任全会文件起草组负责人，彰显了党中央对全面深化改革的高度重视。这充分体现了以习近平同志为核心的党中央高举改革开放旗帜、一以贯之推进改革开放的强大勇气与坚定意志。这种坚定来自对35年改革开放宝贵经验的深刻总结，来自对我国基本国情和形势变化的清醒认识，来自对中国特色社会主义的自信。

4月20日，中共中央向各省、自治区、直辖市，中央和国家机关，解放军和各人民团体发出通知，征求全面深化改革的意见。不到一个月的时间里，118份意见和建议从全国各地汇集到北京。从上到下、自下而上，成千上万条关于深化改革开放的意见和建议反映上来。

搞好调查研究是起草好文件的重要基础。党的十八大后，习近平总书记调研的足迹遍及大江南北，遍及社区、乡村、企业、学校。他以深邃的洞察力和高屋建瓴的战略眼光，提出了全面深化改革需要调查研究的六个重大问题，即进一步形成全国统一的市场体系，形成公平竞争的发展环境；进一步增强经济发展活力，为实现经济持续健康发展提供不竭动力；进一步提高宏观调控水平，提高政府效率和效能；进一步增强社会发展活力，促进社会和谐稳定；进一步实现社会公平正义，通过制度安排更好保障人民群众各方面权益；进一步提高党的领导水平和执政能力，充分发挥党总揽全局、协调各方的作用。这六个重要课题，直指中国改革发展的关键。

在深入基层、深入群众的过程中，全面深化改革的基本遵循逐渐明确。一是必须坚定深化改革的信心。坚持党的基本路线不动摇，坚持党的十一届三中全会以来的路线方针政策不动摇。矛盾越多、难度越大，越要与时俱进、攻坚克难。二是必须坚持深化改革的正确方向。增强战略定力，创新具体方法，坚持核心立场，从纷繁复杂的事物表象中把准改革脉搏，在众说纷纭的建议中开好改革药方。三是必须凝聚深化改革的共识。找出最大公约数，在深化改革上形成聚焦点。对一些领域的改革通过试点先行，逐步解决思想认识上的差异。四是必须注重深化改革的统筹谋划。在进行战略全局的思考中，对完善经济体制、政治体制、文化体制、社会体制、生态文明体制做出科学的顶层设计，提出改革的总体方案、路线图、时间表。五是必须协同推进各项改革。加强对各项改革关联性的研判，努力做到全局和局部相配套、治本和治标相结合、渐进和突破相衔接。

起草一份高质量文件，是会议的重中之重。从4月24日文件起草组第一次全体会议，到11月9日党的十八届三中全会召开，《决定》（征求意见稿）起草工作历经了整整200天的时间。在此期间，习近平总书记先后三次主持中共中央政治局常委会会议、两次主持中共中央政治局会议、多次主持文件起草组全体会议，研究部署起草工作，讨论审议《决定》（征求意见稿）。在文件起草组第一次全体会议上，习近平总书记要求，充分认识新时期改革的历史特点、现实条件、具体任务，人民群众对改革的新期待、新要求，对今后一段时期全面深化改革做出战略部署。[①]起草期间，习近平总书记明确要求，要把握全党全社会关注的重点，回答各方面问题和关切，研究提出改革总体设计和针对性举措，明确改革的战略目标、战略重点、优先顺序、主攻方向、工作机制、推进方式；重大改革举措牵一发而动全身，一旦出现偏差纠正很难，必须反复论证，使之行之有效、行之久远，不能随意"翻烧饼"，要坚持摸着石头过河，胆子要大、步子要稳，改革重大举措多听各方意见，最后是政治决断；要自觉从大局出发思考问题，改革举措要慎重，但不能什么都不敢干，没有风险的改革是不存在的。不改革，发展难度更大。[②]7月25日召开的中共中央政治局常委会会议充分肯定文件起草组工作，要求继续深入研究，对重大改革举措反复论证，增强可操作性，着力解决影响和制约科学发

①《让改革旗帜高高飘扬——〈中共中央关于全面深化改革若干重大问题的决定〉诞生记》，人民出版社2013年版，第11页。

②《让改革旗帜高高飘扬——〈中共中央关于全面深化改革若干重大问题的决定〉诞生记》，人民出版社2013年版，第12页。

展的重大问题、紧迫问题。[①]根据中共中央政治局会议决定，9月4日，《决定》（征求意见稿）下发中央党政军机关和地方100多个单位，广泛征求各方面意见。从党和国家领导岗位上退下来的老同志也对《决定》（征求意见稿）提出了意见和建议。9月17日下午，习近平总书记主持召开座谈会，听取各民主党派、全国工商联负责人和无党派人士对《决定》（征求意见稿）的意见和建议。从9月初《决定》（征求意见稿）下发，广泛征求各方面意见起，不到半个月，文件起草组共收到2564条意见和建议。

10月29日，中共中央政治局会议听取了《决定》（征求意见稿）在党内外征求意见的情况报告，赞成文件起草组根据各方面意见和中共中央政治局常委会会议精神对《决定》（征求意见稿）所做的修改，决定根据这次会议讨论的意见进行修改后将征求意见稿提请党的十八届三中全会审议。

文件起草的顺利推进，为十八届三中全会的召开打下了坚实的基础，做了充分准备。

二、党的十八届三中全会对全面深化改革做出顶层设计

2013年11月9日至12日，党的十八届三中全会在北京召开。全会高度评价党的十一届三中全会召开35年来改革开放的成功实践和伟大成就，研究了全面深化改革若干重大问题，认为改革开放是党在新的时代条件下带领全国各族人民进行的新的伟大革命，是当代中国最鲜明的特色，是决定当代中国命运的关键抉择，是党和人民事业大踏步赶上时代的重要法宝。面对新形势新任务，全面建成小康社会，进而建成富强民主文明和谐的社会主义现代化国家、实现中华民族伟

①《让改革旗帜高高飘扬——〈中共中央关于全面深化改革若干重大问题的决定〉诞生记》，人民出版社2013年版，第14页。

大复兴的中国梦，必须在新的历史起点上全面深化改革。全会听取和讨论了习近平总书记受中共中央政治局委托做的工作报告，审议通过了《决定》。习近平总书记就该《决定》(征求意见稿)向全会做了说明。

习近平总书记从《决定》起草过程、总体框架和重点问题等向全会作了说明。关于框架结构，习近平总书记指出，全会决定以当前亟待解决的重大问题为提领，按条谋篇布局。除引言和结束语外，《决定》共16个部分，分三大板块。第一部分构成第一板块，是总论，主要阐述全面深化改革的重大意义、指导思想、总体思路。第二至第十五部分构成第二板块，是分论，主要从经济、政治、文化、社会、生态文明、国防和军队六个方面，具体部署全面深化改革的主要任务和重大举措。其中，经济方面六条（第二至第七部分），政治方面三条（第八至第十部分），文化方面一条（第十一部分），社会方面两条（第十二至第十三部分），生态文明方面一条（第十四部分），国防和军队方面一条（第十五部分）。第十六部分构成第三板块，讲组织领导，主要阐述加强和改善党对全面深化改革的领导。另外，习近平总书记还就关于使市场在资源配置中起决定性作用和更好发挥政府作用、关于坚持和完善基本经济制度、关于深化财税体制改革、关于健全城乡发展一体化体制机制等十个重点问题做了分析说明。这为与会代表更好审议《决定》提供了指南。

党的十八届三中全会审议通过的《决定》明确了全面深化改革的指导思想、总目标、各领域的改革部署和时间进度安排。全面深化改革的指导思想是，高举中国特色社会主义伟大旗帜，以马克思列宁主义、毛泽东思想、邓小平理论、“三个代表”重要思想、科学发展观为指导，坚定信心，凝聚共识，统筹谋划，协同推进，坚持社会主义市场经济改革方向，以促进社会公平正义、增进人民福祉为出发点和落脚点，进一步解放思想、解放和发展社会生产力、解放和增强社会活力，坚决破除各方面体制机制弊端，努力开拓中国特色社会主义事业更加广阔的前景。

《决定》第一次提出了全面深化改革总目标，即“完善和发展中国特色社会主义制度，推进国家治理体系和治理能力现代化”。我们讲过许多现代化，包括农业现代化、工业现代化、科技现代化、国防现代化等，国家治理体系和治理能力现代化是第一次讲。深刻理解和准确把握这个总目标，是贯彻落实各项改革举措的关键。习近平总书记指出，全面深化改革，全面者，就是要统筹推进各领域改革，就需要有管总的目标，也要回答推进各领域改革最终是为了什么、要取得什么样的整体结果这个问题。[①]过去，我们也提出过改革目标，但大多数是从具体领域提的。比如，我们讲过，政治体制改革总的目标是巩固社会主义制度，发展社会主义社会的生产力，发扬社会主义民主，调动广大人民的积极性。党的十四大提出，我国经济体制改革的目标是建立社会主义市场经济体制。党的十八届三中全会提出全面深化改革总目标，并在总目标统领下明确了经济体制、政治体制、文化体制、社会体制、生态文明体制等深化改革的分目标。这是改革进程本身向前拓展提出的客观要求，体现了我们党对改革认识的深化和系统化。治理体系和治理能力现代化的实现，决不是一蹴而就。必须更加注重改革的系统性、整体性、协同性，加快发展社会主义市场经济、民主政治、先进文化、和谐社会、生态文明，让一切劳动、知识、技术、管理、资本的活力竞相迸发，让一切创造社会财富的源泉充分涌流，让发展成果更多更公平惠及全体人民。

《决定》明确了全面深化改革的思路。它的主要内容是，要紧紧围绕使市场在资源配置中起决定性作用深化经济体制改革，坚持和完

---

① 习近平:《论坚持全面深化改革》，中央文献出版社2018年版，第88页。

善基本经济制度，加快完善现代市场体系、宏观调控体系、开放型经济体系，加快转变经济发展方式，加快建设创新型国家，推动经济更有效率、更加公平、更可持续发展；紧紧围绕坚持党的领导、人民当家作主、依法治国有机统一深化政治体制改革，加快推进社会主义民主政治制度化、规范化、程序化，建设社会主义法治国家，发展更加广泛、更加充分、更加健全的人民民主；紧紧围绕建设社会主义核心价值体系、社会主义文化强国深化文化体制改革，加快完善文化管理体制和文化生产经营机制，建立健全现代公共文化服务体系、现代文化市场体系，推动社会主义文化大发展大繁荣；紧紧围绕更好保障和改善民生、促进社会公平正义深化社会体制改革，改革收入分配制度，促进共同富裕，推进社会领域制度创新，推进基本公共服务均等化，加快形成科学有效的社会治理体制，确保社会既充满活力又和谐有序；紧紧围绕建设美丽中国深化生态文明体制改革，加快建立生态文明制度，健全国土空间开发、资源节约利用、生态环境保护的体制机制，推动形成人与自然和谐发展现代化建设新格局；紧紧围绕提高科学执政、民主执政、依法执政水平深化党的建设制度改革，加强民主集中制建设，完善党的领导体制和执政方式，保持党的先进性和纯洁性，为改革开放和社会主义现代化建设提供坚强政治保证。这实际上是从经济、政治、文化、社会、生态文明、国防和军队六个方面明确了改革路径。

《决定》明确了全面深化改革要遵循的原则、要坚持的重点和经验，明确了改革任务完成的时间表。关于原则全会指出，全面深化改革，必须立足于我国长期处于社会主义初级阶段这个最大实际，坚持发展仍是解决我国所有问题的关键这个重大战略判断，以经济建设为中心，发挥经济体制改革牵引作用，推动生产关系同生产力、上层建筑同经济基础相适应，推动经济社会持续健康发展。关于改革重点全会指出，经济体制改革是全面深化改革的重点，核心问题是处理好政府和市场的关系，使市场在资源配置中起决定性作用和更好发挥政府作用。这是自1992年以来，第一次提出让市场在资源配置中起决定性作用。提了20多年的“基础性”被“决定性”替代，这是党的经济理论的历史性突破。关于经验全会强调，改革开放的成功实践为全面深化改革提供了重要经验，必须长期坚持。最重要的是，坚持党的领导，贯彻党的基本路线，不走封闭僵化的老路，不走改旗易帜的邪路，坚定走中国特色社会主义道路，始终确保改革正确方向；坚持解放思想、实事求是、与时俱进、求真务实，一切从实际出发，总结国内成功做法，借鉴国外有益经验，勇于推进理论和实践创新；坚持以人为本，尊重人民主体地位，发挥群众首创精神，紧紧依靠人民推动改革，促进人的全面发展；坚持正确处理改革发展稳定关系，胆子要大、步子要稳，加强顶层设计和摸着石头过河相结合，整体推进和重点突破相促进，提高改革决策科学性，广泛凝聚共识，形成改革合力。关于时间表全会要求，到2020年，在重要领域和关键环节改革上取得决定性成果，形成系统完备、科学规范、运行有效的制度体系，使各方面制度更加成熟、更加定型。

《决定》从经济、政治、文化、社会、生态文明、国防和军队六个方面，对全面深化改革做出系统部署，强调坚持和完善基本经济制度，加快完善现代市场体系，加快转变政府职能，深化财税体制改革，健全城乡发展一体化体制机制，构建开放型经济新体制，加强社会主义民主政治制度建设，推进法治中国建设，强化权力运行制约和监督体系，推进文化体制机制创新，推进社会事业改革创新，创新社会治理体制，加快生态文明制度建设，深化国防和军队改革，加强和改善党对全面深化改革的领导。

关于经济改革，《决定》讲了六条。一是公有制为主体、多种所有制经济共同发展的基本经济制度，是中国特色社会主义制度的重要支柱，也是社会主义市场经济体制的根基。公有制经济和非公有制经济都是社会主义市场经济的重要组成部分，都是我国经济社会发展的重要基础。必须毫不动摇巩固和发展公有制经济，坚持公有制主体地位，发挥国有经济主导作用，不断增强国有经济活力、控制力、影响力。必须毫不动摇鼓励、支持、引导非公有制经济发展，激发非公有制经济活力和创造力。要完善产权保护制度，积极发展混合所有制经济，推动国有企业完善现代企业制度，支持非公有制经济健康发展。

二是建设统一开放、竞争有序的市场体系，是使市场在资源配置中起决定性作用的基础。必须加快形成企业自主经营、公平竞争，消费者自由选择、自主消费，商品和要素自由流动、平等交换的现代市场体系，着力清除市场壁垒，提高资源配置效率和公平性。要建立公平开放透明的市场规则，完善主要由市场决定价格的机制，建立城乡统一的建设用地市场，完善金融市场体系，深化科技体制改革。

三是科学的宏观调控、有效的政府治理，是发挥社会主义市场经济体制优势的内在要求。必须切实转变政府职能，深化行政体制改革，创新行政管理方式，增强政府公信力和执行力，建设法治政府和服务型政府。要健全宏观调控体系，全面正确履行政府职能，优化政府组织结构，提高科学管理水平。

四是财政是国家治理的基础和重要支柱，科学的财税体制是优化资源配置、维护市场统一、促进社会公平、实现国家长治久安的制度保障。必须完善立法、明确事权、改革税制、稳定税负、透明预算、提高效率，建立现代财政制度，发挥中央和地方两个积极性。要改进预算管理制度，完善税收制度，建立事权和支出责任相适应的制度。

五是城乡二元结构是制约城乡发展一体化的主要障碍。必须健全体制机制，形成以工促农、以城带乡、工农互惠、城乡一体的新型工农城乡关系，让广大农民平等参与现代化进程、共同分享现代化成果。要加快构建新型农业经营体系，赋予农民更多财产权利，推进城乡要素平等交换和公共资源均衡配置，完善城镇化健康发展体制机制。

六是适应经济全球化新形势，必须推动对内对外开放相互促进、“引进来”和“走出去”更好结合，促进国际国内要素有序自由流动、资源高效配置、市场深度融合，加快培育参与和引领国际经济合作竞争新优势，以开放促改革。要放宽投资准入，加快自由贸易区建设，扩大内陆沿边开放。

关于政治改革，《决定》部署了三个方面。一是发展社会主义民主政治，必须以保证人民当家作主为根本，坚持和完善人民代表大会制度、中国共产党领导的多党合作和政治协商制度、民族区域自治制度以及基层群众自治制度，更加注重健全民主制度、丰富民主形式，充分发挥我国社会主义政治制度优越性。要推动人民代表大会制度与时俱进，推进协商民主广泛多层制度化发展，发展基层民主。二是建设法治中国，必须深化司法体制改革，加快建设公正高效权威的社会主义司法制度，维护人民权益。要维护宪法法律权威，深化行政执法体制改革，确保依法独立公正行使审判权检察权，健全司法权力运行机制，完善人权司法保障制度。三是坚持用制度管权管事管人，让人民监督权力，让权力在阳光下运行，是把权力关进制度笼子的根本之策。必须构建决策科学、执行坚决、监督有力的权力运行体系，健全惩治和预防腐败体系，建设廉洁政治，努力实现干部清正、政府清廉、政治清明。要形成科学有效的权力制约和协调机制，加强反腐败体制机制创新和制度保障，健全改进作风常态化制度。

关于文化改革，《决定》提出，建设社会主义文化强国，增强国家文化软实力，必须坚持社会主义先进文化前进方向，坚持中国特色社会主义文化发展道路，坚持以人民为中心的工作导向，进一步深化文化体制改革。要完善文化管理体制，建立健全现代文化市场体系，构建现代公共文化服务体系，提高文化开放水平。

关于社会改革,《决定》提出两条，一是实现发展成果更多更公平惠及全体人民，必须加快社会事业改革，解决好人民最关心最直接最现实的利益问题，更好满足人民需求。要深化教育领域综合改革，健全促进就业创业体制机制，形成合理有序的收入分配格局，建立更加公平可持续的社会保障制度，深化医药卫生体制改革。二是创新社会治理，必须着眼于维护最广大人民根本利益，最大限度增加和谐因素，增强社会发展活力，提高社会治理水平，维护国家安全，确保人民安居乐业、社会安定有序。要改进社会治理方式，激发社会组织活力，创新有效预防和化解社会矛盾体制，健全公共安全体系。设立国家安全委员会，完善国家安全体制和国家安全战略，确保国家安全。

关于生态文明领域改革,《决定》指出建设生态文明，必须建立系统完整的生态文明制度体系，用制度保护生态环境。要健全自然资源资产产权制度和用途管制制度，划定生态保护红线，实行资源有偿使用制度和生态补偿制度，改革生态环境保护管理体制。

关于国防和军队方面,《决定》指出要紧紧围绕建设一支听党指挥、能打胜仗、作风优良的人民军队这一党在新形势下的强军目标，着力解决制约国防和军队建设发展的突出矛盾和问题，创新发展军事理论，加强军事战略指导，完善新时期军事战略方针，构建中国特色现代军事力量体系。要深化军队体制编制调整改革，推进军队政策制度调整改革，推动军民融合深度发展。

关于组织领导，全会强调全面深化改革必须加强和改善党的领导，充分发挥党总揽全局、协调各方的领导核心作用，提高党的领导水平和执政能力，确保改革取得成功。中央成立全面深化改革领导小组，负责改革总体设计、统筹协调、整体推进、督促落实。各级党委要切实履行对改革的领导责任。要深化干部人事制度改革，建立集聚人才体制机制，充分发挥人民群众积极性、主动性、创造性，鼓励地方、基层和群众大胆探索，及时总结经验。

从改革方案的涉及范围到改革的深度广度，党的十八届三中全会通过的全面深化改革顶层设计显示了中国共产党坚定不移推进改革开放的决心，也显示出以习近平同志为核心的党中央推进中国式现代化事业的雄心。与以往的改革相比，确实是力度空前，前所未有。

三、党的十八届三中全会具有划时代意义

2019年1月23日，习近平总书记在主持召开中央全面深化改革委员会第六次会议时强调，党的十一届三中全会是划时代的，开启了改革开放和社会主义现代化建设历史新时期。党的十八届三中全会也是划时代的，开启了全面深化改革、系统整体设计推进改革的新时代，开创了我国改革开放的全新局面。[①]这一重大论断站在历史、全局和战略的高度，标志着党的十八届三中全会在中国改革开放史上的划时代地位。深入领会这一重大论断，对于增强全面深化改革的自觉性和使命感，具有重要意义。

（一）这是着眼历史的重大论断

从历史角度看，党的十一届三中全会是在党和国家面临何去何从的重大历史关头召开的，党的十八届三中全会也是在改革开放到了一个新的重要关头召开的，都具有划时代的历史地位。

回顾过去，“文化大革命”结束后，面对经济全球化潮流和国内人民对过上好日子的期盼，邓小平指出，如果现在再不实行改革，我

①《习近平主持召开中央全面深化改革委员会第六次会议强调 对标重要领域和关键环节改革 继续啃硬骨头 确保干一件成一件》,《人民日报》2019年1月24日第1版。

们的现代化事业和社会主义事业就会被葬送。[①]正是基于对党和国家前途命运的深刻把握、对社会主义革命和建设实践的深刻总结、对时代潮流的深刻洞察、对人民群众期盼和需要的深刻体悟，1978年12月，我们党召开十一届三中全会，做出把党和国家的工作中心转移到经济建设上来、实行改革开放的历史性决策，实现新中国成立以来党的历史上具有深远意义的伟大转折，开启了改革开放和社会主义现代化的伟大征程。

经过几十年的风雨兼程，中国改革进入攻坚期和深水区。可以说，容易的、皆大欢喜的改革已经完成了，好吃的肉都被吃掉了，剩下的都是难啃的硬骨头。推进改革的复杂程度、敏感程度、艰巨程度，一点都不亚于以前。矛盾越大，问题越多，越要攻坚克难、勇往直前。在改革开放来到新的重要关头之际，我们党召开了十八届三中全会，以全面深化改革为主要议题，深刻剖析了我国改革发展稳定面临的重大理论和实践问题，阐明了全面深化改革的重大意义和未来走向，提出了全面深化改革的指导思想、目标任务、重大原则，描绘了全面深化改革的新蓝图、新愿景、新目标，汇集了全面深化改革的新思想、新论断、新举措，反映了社会呼声、社会诉求、社会期盼，凝聚了全党全社会进行全面深化改革的思想共识和行动智慧，开启了全面深化改革、系统整体设计推进改革的新时代，开创了我国改革开放的全新局面。

（二）这是基于实践的重大论断

实践是检验真理的唯一标准。党的十一届三中全会与党的十八届三中全会的部署，都为中国带来了巨大变化，中国发展的奇迹证明了这两次全会都具有划时代的意义。

---

① 中共中央文献研究室：《邓小平思想年谱：一九七五—一九九七》，中央文献出版社1998年版，第101页。

党的十一届三中全会后，从农村到城市，从试点到推广，从经济体制改革到全面深化改革，中国人民书写了国家和民族发展的壮丽史诗。中国成为世界第二大经济体、第一大货物贸易国、第一大外汇储备国。改革开放极大改变了中国的面貌、中华民族的面貌、中国人民的面貌、中国共产党的面貌。正是因为改革开放，中华民族才迎来了从站起来、富起来到强起来的伟大飞跃，中国特色社会主义才迎来了从创立、发展到完善的伟大飞跃，中国人民才迎来了从温饱不足到小康富裕的伟大飞跃。1978年以来的伟大实践和伟大成就证明，党的十一届三中全会做出了划时代的贡献。

党的十八届六中全会后，以习近平同志为核心的党中央着力增强改革的系统性、整体性、协同性，着力抓好重大制度创新，拿出实实在在的举措着力提升人民群众获得感、幸福感、安全感，啃下了不少硬骨头，闯过了不少急流险滩，改革呈现全面发力、多点突破、蹄疾步稳、纵深推进的局面，推动党和国家事业发生历史性变革、取得历史性成就。全面深化改革这剂良方的实践和成就同样可以证明，党的十八届三中全会也做出了划时代的贡献。

（三）这是放眼未来的重大论断

无论是党的十一届三中全会还是党的十八届三中全会，都是在总结过去、着眼当下、放眼未来的战略高度做出重大决策。这两次会议都做出了对中国未来发展产生重大影响的战略抉择。

邓小平在1978年12月发出了“为改变我国的落后面貌，把我国建成现代化的社会主义强国而奋勇前进”的号召，反映了中国共产党的雄心壮志。邓小平在20世纪80年代还曾说，改革的意义，是为下一个十年和下世纪的前五十年奠定良好的持续发展的基础。没有改革就没有今后的持续发展。所以，改革不只是看三年五年，而是要看二十年，要看下世纪的前五十年。这件事必须坚决干下去。[①]这说明，改革开放是一项长期的、艰巨的、繁重的事业，必须一代又一代人接力干下去。

党的十八届三中全会提出，全面深化改革总目标是完善和发展中国特色社会主义制度，推进国家治理体系和治理能力现代化。过去，我们党所提出过的改革目标，大多是从具体领域提的。而全面深化改革总目标的提出，是党面向未来做出的重大战略抉择，既体现了改革进程本身的客观要求，也体现了我们党对改革认识的深化和系统化。形成比较完备的一套制度往往需要较长甚至很长的历史时期。党的十九大报告指出：到2035年，“国家治理体系和治理能力现代化基本实现”；到本世纪中叶，“实现国家治理体系和治理能力现代化”。党的二十大报告对全面建成社会主义现代化强国“两步走”战略做出了新的安排。这些重要战略安排，进一步明确了实现全面深化改革总目标的时间节点和路径举措，必将为实现中华民族伟大复兴提供坚强保障。

① 邓小平:《邓小平文选》第3卷，人民出版社1993年版，第131页。

新时代十年的伟大变革

从党的十八大开始，中国特色社会主义进入新时代。以党的十九大为界，新时代这十年可划分为两个段落。从党的十八大到十九大，这五年的定位是极不平凡；党的十九大以来这五年的定位是极不寻常、极不平凡。新时代十年来，中国共产党经历了三件大事，发生伟大变革，取得历史性胜利。2022年10月召开的党的二十大就此做出权威评价，指出这十年的伟大变革在党史、新中国史、改革开放史、社会主义发展史、中华民族发展史上具有里程碑意义。[①] 自党的二十大开始，中国共产党有了新的中心任务，中国人民和中华民族又踏上新的征程。从党的二十大的政治高度和新时代的历史维度，结合复杂多变的国际国内形势，回顾新时代十年的光辉历程，梳理总结新时代十年伟大成就和宝贵经验，具有重要意义。

一、新时代十年的伟大变革发生的时空条件

进入新时代，中国共产党坚持马克思列宁主义、毛泽东思想、邓小平理论、“三个代表”重要思想和科学发展观，全面贯彻习近平新时代中国特色社会主义思想，全面贯彻党的基本路线、基本方略，采取一系列战略性举措，推进一系列变革性实践，实现一系列突破性进

① 习近平:《高举中国特色社会主义伟大旗帜 为全面建设社会主义现代化国家而团结奋斗——在中国共产党第二十次全国代表大会上的报告》,《人民日报》2022年10月26日第1版。

展，取得一系列标志性成果，经受住了来自政治、经济、意识形态、自然界等方面的风险挑战考验，党和国家事业取得历史性成就、发生历史性变革，推动我国迈上全面建设社会主义现代化国家新征程。习近平总书记在党的二十大报告中将此概括为“新时代十年的伟大变革”。

任何伟大变革都不是凭空产生的，都有一定的时空条件和历史背景。党的十九届六中全会通过的《中共中央关于党的百年奋斗重大成就和历史经验的决议》（以下简称《决议》）指出，改革开放以后，党和国家事业取得重大成就，为新时代发展中国特色社会主义事业奠定了坚实基础、创造了有利条件。同时，党清醒认识到，外部环境变化带来许多新的风险挑战，国内改革发展稳定面临不少长期没有解决的深层次矛盾和问题以及新出现的一些矛盾和问题，管党治党一度宽松软带来党内消极腐败现象蔓延、政治生态出现严重问题，党群干群关系受到损害，党的创造力、凝聚力、战斗力受到削弱，党治国理政面临重大考验。[①]习近平总书记在党的二十大报告中指出，十年前，我们面对的形势是，改革开放和社会主义现代化建设取得巨大成就，党的建设新的伟大工程取得显著成效，为我们继续前进奠定了坚实基础、创造了良好条件、提供了重要保障，同时一系列长期积累及新出现的突出矛盾和问题亟待解决。[②]这些重要论述都是对新时代十年伟大变革产生的条件与背景的权威概括。本书仅从世情、国情、党情三个角度予以分析。

从国际来看，世界面临百年未有之大变局，全球进入新的动荡变

---

①《中共中央关于党的百年奋斗重大成就和历史经验的决议》，人民出版社2021年版，第26—27页。

② 习近平：《高举中国特色社会主义伟大旗帜 为全面建设社会主义现代化国家而团结奋斗——在中国共产党第二十次全国代表大会上的报告》，《人民日报》2022年10月26日第1版。

革期。所谓百年，意在用大历史观看世界秩序的变化，并不仅仅指一百年；所谓大变局，大就大在变化之广泛，大就大在影响之深远。当今世界，经济全球化、社会信息化、文化多样化深入发展，全球治理体系和国家秩序变革加速推进，新兴市场国家和发展中国家快速崛起，国际力量对比更趋均衡，世界各国人民的命运从未像今天这样紧密相连。同时，大国竞争日趋激烈，世界面临的不确定性日益突出，贸易保护主义、单边主义、民粹主义等思潮不断抬头，逆全球化潮流汹涌，地区热点问题此起彼伏。恐怖主义、网络安全、重大传染性疾病、气候变化等非传统安全威胁持续蔓延。正如习近平总书记在博鳌亚洲论坛2022年年会上的讲话中所说："世界之变、时代之变、历史之变正以前所未有的方式展开，给人类提出了必须严肃对待的挑战。人类还未走出世纪疫情阴霾，又面临新的传统安全风险；全球经济复苏仍脆弱乏力，又叠加发展鸿沟加剧的矛盾；气候变化等治理赤字尚未填补，数字治理等新课题又摆在我们面前。"[①]同时，中国日益接近世界舞台中央，世界对中国的关注从未像今天这样广泛、深切、聚焦；中国对世界的影响也从未像今天这样全面、深刻、长远。习近平总书记强调，世界的百年未有之大变局和中国进入强起来的"新时代"高度重叠；中国的机遇与挑战并存，重要的是要"化危为机"，让中国赢得更好发展。

从国内来看，新时代意味着中国发展迈上新台阶、进入新方位。在中国特色社会主义新时代这一新的历史方位，中国共产党将致力于推动人民生活从小康逐步走向共富，从经济大国变成世界强国，以中国式现代化全面推进中华民族伟大复兴。习近平总书记在党的十九大报告中指出，中国特色社会主义进入新时代"意味着近代以来久经磨

① 习近平:《携手迎接挑战 合作开创未来——在博鳌亚洲论坛2022年年会开幕式上的主旨演讲》,《人民日报》2022年4月22日第2版。

难的中华民族迎来了从站起来、富起来到强起来的伟大飞跃，迎来了实现中华民族伟大复兴的光明前景；意味着科学社会主义在二十一世纪的中国焕发出强大生机活力，在世界上高高举起了中国特色社会主义伟大旗帜；意味着中国特色社会主义道路、理论、制度、文化不断发展，拓展了发展中国家走向现代化的途径，给世界上那些既希望加快发展又希望保持自身独立性的国家和民族提供了全新选择，为解决人类问题贡献了中国智慧和中国方案”。[①]这既是中国人民长期努力推动社会发展进步的自然结果，也是社会主要矛盾变化的必然结果。我们在创造举世罕见的经济快速发展奇迹和社会长期稳定奇迹的同时，也推动中国社会主要矛盾发生了重大转化。以习近平同志为核心的党中央敏锐地把握住了这一重大变化，并在2017年党的十九大上正式明确，新时代我国社会主要矛盾已经转化为人民日益增长的美好生活需要和不平衡不充分的发展之间的矛盾。新时代十年的伟大变革，就是中国共产党在新时代团结带领全国人民解决新矛盾过程中发生的。适应和处理这一新矛盾，势必要求提高发展质量、实现均衡发展，不断满足人民对幸福美好生活的向往。而经过几十年快速发展，我国经济呈现新常态，面临增长下行压力加大、结构调整刻不容缓的问题。社会矛盾日益集聚，改革开放进入攻坚期和深水区，统筹改革发展稳定、统筹发展和安全的难度不断加大，前进道路上面临的困难和风险世所罕见、前所未有。尤其是新冠肺炎疫情的大暴发、大流行，更为我国经济社会持续发展带来巨大压力。

从党内看，作为中国最高政治领导力量的中国共产党，拥有数量庞大的党员和党组织，是具有全球重要影响力的世界第一大马克思主义执政党。大有大的样子，大也有大的难处。党面临的执政考验、改

① 习近平:《决胜全面建成小康社会 夺取新时代中国特色社会主义伟大胜利——在中国共产党第十九次全国代表大会上的报告》，人民出版社2017年版，第10页。

革开放考验、市场经济考验、外部环境考验是长期的、复杂的、严峻的；精神懈怠危险、能力不足危险、脱离群众危险、消极腐败危险更加尖锐地摆在全党面前，“七个有之”[①]的问题也不同程度存在。要承担起新时代新征程坚持和发展中国特色社会主义的使命任务，确保党始终走在时代前列，始终成为领导核心，始终成为中国人民和中华民族的主心骨，就必须一以贯之、坚定不移坚持党的全面领导，坚持全面从严治党，勇于自我革命，不断提高党的领导水平和执政能力。

习近平总书记指出，我们党领导人民干革命、搞建设、抓改革，从来都是为了解决中国的现实问题。[②]坚持问题导向，直面问题不回避，是中国共产党治国理政的重要品格。每个时代总有属于它自己的问题，只要科学地认识、准确地把握、正确地解决这些问题，就能够把我们的社会不断推向前进。新时代的伟大变革，就是党在全球面临大变局、大国进入新方位、大党面临新情况的前提下，带领中国人民通过自信自强、守正创新，踔厉奋发、勇毅前行，一道拼出来的。

二、新时代十年经历的三件大事

党的二十大报告指出，新时代我们经历了对党和人民事业具有重大现实意义和深远历史意义的三件大事：一是迎来中国共产党成立

① 2014年10月23日，习近平总书记在中共十八届四中全会第二次全体会议上的讲话中指出，一些人无视党的政治纪律和政治规矩，为了自己的所谓仕途，为了自己的所谓影响力，搞任人唯亲、排斥异己的有之，搞团团伙伙、拉帮结派的有之，搞匿名诬告、制造谣言的有之，搞收买人心、拉动选票的有之，搞封官许愿、弹冠相庆的有之，搞自行其是、阳奉阴违的有之，搞尾大不掉、妄议中央的也有之，如此等等。有的人已经到了肆无忌惮、胆大妄为的地步！而这些问题往往没有引起一些地方和部门党组织的注意，发现了问题也没有上升到党纪国法高度来认识和处理。这是不对的，必须加以纠正。这被简称为“七个有之”[参见《十八大以来重要文献选编》(下)，中央文献出版社2018年版，第456页]。

② 中共中央文献研究室:《习近平关于协调推进“四个全面”战略布局论述摘编》，中央文献出版社2015年版，第87页。

一百周年，二是中国特色社会主义进入新时代，三是完成脱贫攻坚、全面建成小康社会的历史任务，实现第一个百年奋斗目标。[①]

这三件大事由远及近，镌刻了中国共产党的奋斗奇迹，明示我们党有超过100年的发展史，有超过70年的大国执政史，是一个有着全球重要影响力的世界第一大马克思主义执政党；宣誓了中国共产党和中国人民一道经过艰苦努力、不懈努力，推动社会生产力水平不断提升，推动社会主要矛盾发生新的转化，使得中国特色社会主义来到一个新的历史方位；更以能载入史册的减贫和14亿多人口的全面小康这样的举世无双的历史性成就标识新时代这十年的极不寻常、极不平凡。

对此，党的二十大报告用“历史性胜利”予以评价，即“这是中国共产党和中国人民团结奋斗赢得的历史性胜利，是彪炳中华民族发展史册的历史性胜利，也是对世界具有深远影响的历史性胜利”。[②]如此置评在党中央文件极其少见。1982年党的十二大报告曾用历史性胜利概括1976年至1982年六年来的巨大进步。2014年，习近平总书记在纪念邓小平同志诞辰110周年座谈会上的讲话中也用了“历史性胜利”，即在20世纪赢得了伟大历史性胜利的中国共产党和中国人民，必将在21世纪赢得更伟大的历史性胜利！[③]对新时代十年取得这种历史性胜利，大会报告从主体力量、历史影响和世界影响三个方面进行权威定位，足见这种历史性胜利的巨大影响。

---

① 习近平:《高举中国特色社会主义伟大旗帜 为全面建设社会主义现代化国家而团结奋斗——在中国共产党第二十次全国代表大会上的报告》,《人民日报》2022年10月26日第1版。

② 习近平:《高举中国特色社会主义伟大旗帜 为全面建设社会主义现代化国家而团结奋斗——在中国共产党第二十次全国代表大会上的报告》,《人民日报》2022年10月26日第1版。

③ 习近平:《习近平谈治国理政》第2卷，外文出版社2017年版，第14页。

历史性胜利来之不易。回望十年来，中国共产党确实面临严峻的国内国际局势，经历了许许多多的艰难险阻。习近平总书记就此鲜明指出，这十年，有涉滩之险，有爬坡之艰，有闯关之难。事非经过不知难，看似寻常最奇倔，成如容易却艰辛。对这三件大事，我们要全面把握、准确理解；对这样的历史性胜利，我们要倍加珍惜、倍加爱护。

三、新时代取得16个方面的伟大成就

自党的十九大以来，中国共产党已多次总结新时代取得的非凡成就。2017年，党的十九大对十八大以来党和国家事业发展做了全面总结，集中概括为“历史性成就、历史性变革”，并从十个方面进行了梳理。2018年，习近平总书记在庆祝改革开放40周年大会上，也对新时代的成就进行过总结。2021年，党的十九届六中全会通过的《决议》，对十八大以来党和国家事业取得的巨大变化从13个方面分领域做出了进一步概括。2022年，习近平总书记在省部级主要领导干部“学习习近平总书记重要讲话精神，迎接党的二十大”专题研讨班上的讲话中，将十八大以来的重大成就概括为新时代十年的伟大变革。2022年10月召开的党的二十大，进一步从16个方面概括了新时代取得的伟大成就。这是迄今为止最为权威和系统的概括。

对新时代的伟大成就，习近平总书记在党的二十大报告中从思想指引、党的领导、战略擘画、实现小康、高质量发展等16个方面做了系统梳理。与党的十九届六中全会通过的《决议》概括的13个方面成就相比，这次概括内容更加丰富、逻辑更加鲜明、新意更加突出。报告第一次把思想引领和战略擘画纳入成就范畴，使得我们对历史性成就和变革内容的理解更加深刻全面；把全面建成小康社会和历史性消灭绝对贫困内容单列一条，凸显了该成就之巨大、非凡，也彰

显了我们党坚持人民至上，敢于啃硬骨头的决心和信心；把改革与开放分开叙述，不仅突出了全面深化改革的巨大进展，还彰显了我们推动高水平对外开放取得的重大进步；把民主与法治合并一条论述，画龙点睛将民主法治的非凡进步呈现出来。

16个方面的伟大成就，内容极其丰富，内在逻辑十分鲜明。之所以取得如此巨大成就，与党在新时代的使命任务、与新时代我们要实现强起来的追求高度契合。因此，从我们要实现强起来的逻辑出发，分析把握新时代十年的伟大变革的内容，就能抓住其中的脉络。从这一逻辑出发，可以考虑从强党、强国、强军、强外交四个维度对新时代的伟大变革伟大成就进行探讨。

（一）强党主要包括理论强、领导强、谋略强和严治党四个方面

一是理论强，主要表现在我们党注重理论创新、善于理论武装。党的十八大以来，以习近平同志为主要代表的中国共产党人，坚持把马克思主义基本原理同中国具体实际相结合、同中华优秀传统文化相结合，坚持毛泽东思想、邓小平理论、“三个代表”重要思想和科学发展观，深刻总结并充分运用党成立以来的历史经验，从新的实际出发，创立了习近平新时代中国特色社会主义思想。习近平总书记对关系新时代党和国家事业发展的一系列重大理论和实践问题进行了深邃思考和科学判断，就新时代坚持和发展什么样的中国特色社会主义、怎样坚持和发展中国特色社会主义，建设什么样的社会主义现代化强国、怎样建设社会主义现代化强国，建设什么样的长期执政的马克思主义政党、怎样建设长期执政的马克思主义政党等重大时代课题，提出一系列原创性的治国理政新理念新思想新战略，是习近平新时代中国特色社会主义思想的主要创立者。习近平新时代中国特色社会主义思想是当代中国马克思主义、21世纪马克思主义，是中华文化和中国精神的时代精华，实现了马克思主义中国化时代化新的飞跃。党

的二十大报告指出："十九大、十九届六中全会提出的'十个明确'、'十四个坚持'、'十三个方面成就'概括了这一思想的主要内容。"[①]其中，"十个明确"是新思想的四梁八柱，"十四个坚持"是落实新思想的路线图，"十三个方面成就"凸显了新思想的实践威力。大会对新时代党的创新理论内容的最新概括为我们进一步明确了习近平新时代中国特色社会主义思想的范围，有利于我们全面准确把握，更有利于我们进一步深刻领悟"两个确立"的决定性意义，坚决做到"两个维护"。党的二十大报告在明确把马克思主义基本原理同中国具体实际相结合、同中华优秀传统文化相结合是不断开辟马克思主义中国化时代化新境界的根本路径的同时，还强调要掌握好运用好贯穿其中的立场观点方法，提出"六个必须坚持"即必须"坚持人民至上、坚持自信自立、坚持守正创新、坚持问题导向、坚持系统观念、坚持胸怀天下"。[②]这六条表明了习近平新时代中国特色社会主义思想的理论品格，体现了鲜明的人民立场、唯物辩证观点和方法论，也彰显了中国共产党人的大情怀、大格局，反映了中国共产党的优秀品质。把握住了这六条，就把握住了习近平新时代中国特色社会主义思想的核心要义、把握住了它的精髓所在。

二是领导强，主要体现是全面加强党的领导。针对一段时期，坚持党的领导、落实党的领导存在的突出问题，习近平总书记先后提出"必须加强和改善党的领导"[③]、坚持和加强党的全面领导等重大战

① 习近平：《高举中国特色社会主义伟大旗帜 为全面建设社会主义现代化国家而团结奋斗——在中国共产党第二十次全国代表大会上的报告》，《人民日报》2022年10月26日第1版。

② 习近平：《高举中国特色社会主义伟大旗帜 为全面建设社会主义现代化国家而团结奋斗——在中国共产党第二十次全国代表大会上的报告》，《人民日报》2022年10月26日第1版。

③ 习近平：《论坚持党对一切工作的领导》，中央文献出版社2019年版，第5页。

略思想，指出中国共产党领导是中国特色社会主义最本质的特征、中国特色社会主义制度的最大优势，中国共产党是最高政治领导力量，坚持党中央集中统一领导是最高政治原则。关于“四最”的定位与论述，极大丰富和发展了马克思主义党建学说，是党的领导理论的最新发展。党中央强调坚持和加强党的全面领导是做好党和国家各项工作的根本保证；强调党政军民学，东西南北中，党是领导一切的；强调心怀“国之大者”，不断提升政治判断力、政治领悟力、政治执行力；强调增强“四个意识”，坚定“四个自信”，做到“两个维护”。通过采取全面加强党的建设、健全党的领导制度体系以及体制机制等一系列重大举措，纠正了一个时期以来在坚持党的领导问题上出现的模糊认识和错误思想认识，扭转了在一些地方和部门存在的党的领导弱化虚化淡化的现象。党中央权威和集中统一领导得到有力保证，党的领导制度体系不断完善，党的领导方式更加科学，全党思想上更加统一、政治上更加团结、行动上更加一致，党的政治领导力、思想引领力、群众组织力、社会号召力显著增强。

三是谋略强，主要表现在中国共产党善于进行战略擘画并强力执行使之落实。党的十八大以来，中国共产党提出实现中华民族伟大复兴的中国梦，以中国式现代化推进中华民族伟大复兴，统揽伟大斗争、伟大工程、伟大事业、伟大梦想，明确“五位一体”总体布局和“四个全面”战略布局，确定稳中求进工作总基调，统筹发展和安全，明确我国的社会主要矛盾是人民日益增长的美好生活需要和不平衡不充分的发展之间的矛盾，并紧紧围绕这个社会主要矛盾推进各项工作，不断丰富和发展人类文明新形态。在科学理论指引下，在习近平总书记的坚强领导下，我们采取有力举措使党的战略安排得以落地落实，党和国家事业取得历史性成就、发生历史性变革。

四是严治党，主要体现是勇于自我革命、全面从严治党。党的十八大以来，我们以打铁必须自身硬的强烈自觉，勇于自我革命，制定实施全面从严治党的战略方针。推动全党尊崇党章，把党的政治建设摆在首位，严明党的政治纪律和政治规矩，层层落实管党治党政治责任。坚持用新时代党的创新理论武装全党，坚定全党理想信念。驰而不息抓作风建设，出台中央八项规定，开展党的群众路线教育实践活动、“三严三实”专题教育，推进“两学一做”学习教育常态化制度化，开展“不忘初心、牢记使命”主题教育和党史学习教育，严厉整治形式主义、官僚主义、享乐主义和奢靡之风，坚决反对特权，全党的党性更加坚强。贯彻新时代党的组织路线，坚持新时代好干部标准，选人用人状况和风气明显好转。党的建设制度改革深入推进，形成比较完善的党内法规体系。把纪律挺在前面，着力解决人民群众反映最强烈、对党的执政基础威胁最大的突出问题。巡视利剑作用彰显，实现中央和省级党委巡视全覆盖。坚持反腐败无禁区、全覆盖、零容忍，坚持一体推进不敢腐、不能腐、不想腐，反腐败斗争取得压倒性胜利并全面巩固。党的自我净化、自我完善、自我革新、自我提高能力显著增强，管党治党宽松软状况得到根本扭转，党在革命性锻造中更加坚强。我们也成功找到跳出治乱兴衰历史周期率的第二个答案即自我革命。

（二）强国包括全面建成小康社会、推进高质量发展、全面深化改革、扩大对外开放等十个方面

一是全面建成小康社会，历史性消灭绝对贫困。我们经过接续奋斗，实现了小康这个中华民族的千年梦想，使得我国发展站在了更高历史起点上。我们坚持精准扶贫、尽锐出战，打赢了人类历史上规模最大的脱贫攻坚战，全国832个贫困县全部摘帽，近一亿农村贫困人口实现脱贫，960多万贫困人口实现易地搬迁，历史性地解决了绝对贫困问题，为全球减贫事业做出了重大贡献。二是经济建设。党的十八大以来，我们立足新的历史方位，贯彻新发展理念、构建新发展格局，坚决转变发展方式，发展质量和效益不断提升。经济总体保持中高速增长，在世界主要国家中名列前茅。多年来对世界经济增长贡献率超过30%。国内生产总值从2012年的54万亿元到2021年突破110万亿元，稳居世界第二。2021年，我国人均GDP达80976元，折合12551美元，接近世界银行划设的高收入经济体人均门槛。[①]供给侧结构性改革深入推进，经济结构不断优化，数字经济等新兴产业蓬勃发展，高铁、公路、桥梁、港口、机场等基础设施建设快速推进。农业现代化稳步推进，粮食生产能力超过1.3万亿斤。城镇化率达64.7%。重大区域战略深入实施，共建"一带一路"高质量发展、京津冀协同发展、长江经济带发展成效显著，雄安新区建设、粤港澳大湾区建设稳步推进。创新驱动发展战略大力实施，创新型国家建设成果丰硕，在全球创新指数中位列第12。金融运行总体平稳。总之，我国经济发展平衡性、协调性、可持续性明显增强，国家经济实力、科技实力、综合国力跃上新台阶，我国经济迈上更高质量、更有效率、更加公平、更可持续、更为安全的发展之路。三是全面深化改革。党的十八大以来，我们召开了具有划时代意义的党的十八届三中全会，设立中央全面深化改革领导小组（后改为中央全面深化改革委员会），部署推进全面深化改革。全会召开后，党中央以前所未有的决心和力度冲破思想观念的束缚，突破利益固化的藩篱，坚决破除各方面体制机制弊端，积极应对外部环境变化带来的风险挑战，开启了气势如虹、波澜壮阔的改革进程。截至2020年底，党的十八届三中全会确定的目标任务全面推进，各领域基础性制度框架基本确立，许多领域实现历史性变革、系统性重塑、整体性重构，为推动形成系统

① 宁吉喆:《国民经济量增质升"十四五"实现良好开局》,《求是》2022年第3期。

完备、科学规范、运行有效的制度体系，为各方面制度更加成熟更加定型奠定了坚实基础，全面深化改革取得历史性伟大成就。随着党不断推动全面深化改革向广度和深度进军，中国特色社会主义制度更加成熟更加定型，国家治理体系和治理能力现代化水平明显提高，党和国家事业焕发出新的生机活力。四是扩大对外开放。我们实行更加积极主动的开放战略，构建面向全球的高标准自由贸易区网络，加快推进自由贸易试验区、海南自由贸易港建设，共建“一带一路”成为深受欢迎的国际公共产品和国际合作平台。[①] 十年来，开放型经济新体制逐步健全，对外贸易、对外投资、外汇储备稳居世界前列，形成全方位开放格局。五是民主法治建设。积极发展全过程人民民主，我国社会主义民主政治制度化、规范化、程序化全面推进，中国特色社会主义政治制度优越性得到更好发挥，生动活泼、安定团结的政治局面得到巩固和发展。党的领导、人民当家作主、依法治国有机统一的制度建设全面加强，党的领导体制机制不断完善，社会主义民主不断发展，党内民主更加广泛，社会主义协商民主全面展开，爱国统一战线巩固发展，民族宗教工作创新推进。国家监察体制改革顺利实施，权力运行制约和监督体系建设取得显著进展。政府机构改革任务完成。“放管服”改革纵深推进。全面依法治国总体格局基本形成。党的十八届四中全会部署推进全面依法治国，明确了建设法治中国的路线图、时间表。此后，科学立法、严格执法、公正司法、全民守法深入推进，法治国家、法治政府、法治社会建设相互促进。《中华人民共和国民法典》颁布实施，全社会法治观念明显增强。中国特色社会主义法治体系不断健全，法治中国建设迈出坚实步伐，党运用法治方式

① 习近平:《高举中国特色社会主义伟大旗帜 为全面建设社会主义现代化国家而团结奋斗——在中国共产党第二十次全国代表大会上的报告》,《人民日报》2022年10月26日第1版。

领导和治理国家的能力显著增强。六是文化建设。党牢牢掌握意识形态工作领导权，牢牢坚持马克思主义在意识形态领域指导地位的根本制度，我国意识形态领域形势发生全局性、根本性转变。党的理论创新全面推进，中国特色社会主义和中国梦深入人心，社会主义核心价值观和中华优秀传统文化广泛弘扬，群众性精神文明创建活动扎实开展。公共文化服务水平不断提高，文艺创作持续繁荣，文化事业和文化产业蓬勃发展，互联网建设管理运用不断完善，全民健身和竞技体育全面发展。全党全国各族人民文化自信明显增强，全社会凝聚力和向心力极大提升，为新时代开创党和国家事业新局面提供了坚强思想保证和强大精神力量。七是社会建设。深入贯彻以人民为中心的发展思想，在幼有所育、学有所教、劳有所得、病有所医、老有所养、住有所居、弱有所扶上持续用力，坚持在发展中保障和改善民生，一大批惠民举措落地实施。教育事业稳步发展，中西部和农村教育明显加强。就业状况持续改善，城镇新增就业近年来稳定保持千万人以上。城乡居民收入增速超过经济增速，中等收入群体持续扩大。覆盖城乡居民的社会保障体系基本建立，人民健康和医疗卫生水平大幅提高，保障性住房建设稳步推进。居民预期寿命由1981年的67.8岁提高到2021年的78.2岁。[①]人民生活全方位改善，社会治理社会化、法治化、智能化、专业化水平大幅度提升，开创了人民安居乐业、社会安定有序的良好局面，续写了社会长期稳定奇迹。八是生态文明建设。党中央以前所未有的力度抓生态文明建设，倡导绿水青山就是金山银山，坚持山水林田湖草沙一体化保护和系统治理，全方位、全地域、全过程加强生态环境保护，全党全国贯彻绿色发展理念的自觉性和主动性显著增强；生态文明制度体系加快形成，主体功能区制度逐步健

①《2021年我国卫生健康事业发展统计公报》，中华人民共和国中央人民政府网站，2022年7月12日，https://www.gov.cn/xinwen/2022-07/12/content_5700670.htm。

全，国家公园体制积极推进；全面节约资源有效推进，能源资源消耗强度大幅下降；重大生态保护和修复工程进展顺利，森林覆盖率持续提高；污染防治持续推进，主要污染物排放量继续下降，生态环境总体改善；引导应对气候变化国际合作，成为全球生态文明建设的重要参与者、贡献者、引领者；美丽中国建设迈出重大步伐，我国生态环境保护发生历史性、转折性、全局性变化。我们的祖国天更蓝、山更绿、水更清。九是维护国家安全。党的十八大以来，在习近平总书记总体国家安全观的指引下，国家安全得到全面加强，经受住了来自政治、经济、意识形态、自然界等方面的风险挑战考验，为党和国家事业兴旺发达、长治久安提供了有力保证。十是坚持“一国两制”和推进祖国统一。党中央采取一系列标本兼治的举措，全面准确推进“一国两制”实践，坚定落实“爱国者治港”“爱国者治澳”，推动香港进入由乱到治走向由治及兴的新阶段，为推进依法治港治澳、促进“一国两制”实践行稳致远打下了坚实基础；坚持一个中国原则和“九二共识”，坚决反对“台独”分裂行径，坚决反对外部势力干涉，牢牢把握两岸关系主导权和主动权。

（三）强军方面主要指国防和军队建设

着眼于实现强军梦，建设世界一流军队，贯彻习近平强军思想，贯彻新时代军事战略方针，坚持政治建军、改革强军、科技强军、人才强军、依法治军，全力推进国防和军队现代化。在古田召开全军政治工作会议，恢复和发扬我党我军光荣传统和优良作风，人民军队政治生态得到有效治理。国防和军队改革取得历史性突破，形成军委管总、战区主战、军种主建新格局，人民军队组织架构和力量体系实现革命性重塑。加强练兵备战，有效遂行海上维权、反恐维稳、抢险救灾、国际维和、亚丁湾护航、人道主义救援等重大任务，武器装备加快发展，军事斗争准备取得重大进展。总之，人民军队实现整体性革命性重塑、重整行装再出发，国防实力和经济实力同步提升，人民军队坚决履行新时代使命任务，以顽强斗争精神和实际行动捍卫了国家主权、安全、发展利益。

（四）强外交方面主要是指外交工作

党的十八大以来，中国特色大国外交全面推进，构建人类命运共同体成为引领时代潮流和人类前进方向的鲜明旗帜，我国外交在世界大变局中开创新局、在世界乱局中化危为机，我国国际影响力、感召力、塑造力显著提升。同时，经略海洋、维护海权方面也取得重大成就。

新时代十年的伟大变革，涵盖内政外交国防、治党治国治军、改革发展稳定各个领域，很多都带有开创性、拓荒性，在党史、新中国史、改革开放史、社会主义发展史、中华民族发展史上具有里程碑意义。[①] 十年来，党的面貌为之一新，党和人民始终保持血肉联系，党的执政地位更加巩固；中国综合国力显著提升，中国式现代化成功得以推进和拓展；开辟了全面深化改革开放新境界，中国特色社会主义制度更加成熟定型，国家治理体系和治理能力现代化不断提升；中国特色社会主义的蓬勃发展，为世界社会主义发展注入强大动力；中华民族伟大复兴有了更加坚实的物质基础、更加完善的制度保障、更加主动的精神力量，进入了不可逆转的历史进程。中国共产党和中国人民正信心百倍推进中华民族从站起来、富起来到强起来的伟大飞跃。

四、新时代十年的伟大变革发生的原因及积累的宝贵经验

新时代党和国家事业之所以发生伟大变革、取得伟大成就，是全

① 习近平:《高举中国特色社会主义伟大旗帜 为全面建设社会主义现代化国家而团结奋斗——在中国共产党第二十次全国代表大会上的报告》,《人民日报》2022年10月26日第1版。

党全国各族人民同心同德、团结奋斗的结果，是各级党组织和广大党员、干部敬业履职、勇于担当的结果，根本在于以习近平同志为核心的党中央的坚强领导，根本在于习近平新时代中国特色社会主义思想的科学指导。①

伟大变革来之不易，经验和启示弥足珍贵。新时代的中国共产党治国理政积累了许多宝贵经验，党的十九届六中全会进行了系统总结，我们要倍加珍惜、长期坚持。在新征程上，我们至少要做到“四个始终”。

一是始终深刻领悟“两个确立”的决定性意义、做到“两个维护”。党的十八大以来，作为新时代党的创新理论的主要创立者和决定性贡献者，习近平总书记以厚重的人民情怀、非凡的政治智慧、坚强的意志品质、强烈的历史担当，团结带领全党全军全国各族人民进行具有许多新的历史特点的伟大斗争，推动改革开放和社会主义现代化建设取得新的重大成就，推动党和国家事业全面开创新局面，赢得全党全军全国各族人民高度评价和衷心爱戴，成为党中央的核心、全党的核心。对我们这样一个有1亿多党员的马克思主义政党来说，对我们这样一个有着14亿多人口的社会主义大国来说，党中央有核心、全党有核心、全国各族人民有核心，至关重要。党的十九届六中全会《决议》明确指出：“党确立习近平同志党中央的核心、全党的核心地位，确立习近平新时代中国特色社会主义思想的指导地位，反映了全党全军全国各族人民共同心愿，对新时代党和国家事业发展、对推进中华民族伟大复兴历史进程具有决定性意义。”②这就要求我们在新时

① 中共中央宣传部：《习近平新时代中国特色社会主义思想学习纲要》，学习出版社、人民出版社2019年版，第5页。

②《中共中央关于党的百年奋斗重大成就和历史经验的决议》，人民出版社2021年版，第26页。

代新征程上深刻领悟“两个确立”的决定性意义，坚决做到“两个维护”。

二是始终坚持和加强党的全面领导。办好中国的事情，解决中国的问题，关键在中国共产党。坚持和加强党的全面领导，是党和国家的根本所在、命脉所在，是全国各族人民利益所在、幸福所在。党的十九届四中全会明确列出我国国家制度和国家治理体系具有十三个方面显著优势，位列第一的是“坚持党的集中统一领导，坚持党的科学理论，保持政治稳定，确保国家始终沿着社会主义方向前进的显著优势”[①]。全会还就坚持和完善党的领导制度体系做出了安排。历史和实践表明，只有党中央有权威，才能把全党牢固凝聚起来，进而把全国各族人民紧密团结起来，形成万众一心、无坚不摧的磅礴力量。只有坚持和加强党的全面领导、继续推进全面从严治党，我们才能为实现第二个百年奋斗目标、实现中华民族伟大复兴，提供根本政治保证。

三是始终坚持人民至上。江山就是人民，人民就是江山。打江山、守江山，守的是人民的心。有盐同咸、无盐同淡。习近平总书记指出：“中国共产党始终代表最广大人民根本利益，与人民休戚与共、生死相依，没有任何自己特殊的利益，从来不代表任何利益集团、任何权势团体、任何特权阶层的利益。”[②]新征程上，我们必须紧紧依靠人民创造历史，坚持全心全意为人民服务的根本宗旨，站稳人民立场，贯彻党的群众路线，尊重人民首创精神，践行以人民为中心的发展思想，发展全过程人民民主，维护社会公平正义，着力解决发展不平衡不充分问题和人民群众急难愁盼问题，推动人的全面发展、全体

① 本书编写组：《中共中央关于坚持和完善中国特色社会主义制度 推进国家治理体系和治理能力现代化若干重大问题的决定》，人民出版社2019年版，第3页。

② 习近平：《在庆祝中国共产党成立100周年大会上的讲话》，人民出版社2021年版，第11—12页。

人民共同富裕取得更为明显的实质性进展。

四是始终坚持加强制度建设。道路决定命运，制度关乎兴衰。中国特色社会主义制度和国家治理体系，是以马克思主义为指导、植根中国大地、具有深厚文化根基、深得人民拥护的制度和治理体系；是具有强大生命力和巨大优越性的制度和治理体系；是能够持续推动拥有14亿多人口大国进步和发展、确保拥有5000多年文明史的中华民族实现“两个一百年”奋斗目标进而实现伟大复兴的中国梦。党的十八大以来，中国之所以发生伟大变革，与党中央高度重视制度建设，下大力气抓制度建设有很大关系。我们既要坚持有着显著优势的国家制度和国家治理体系，更要从实际出发不断完善国家制度和国家治理体系，在坚持和完善中国特色社会主义制度的同时，推进国家治理体系和治理能力现代化，为中国号巨轮乘风破浪、行稳致远提供健全的制度保障。

当然，需要看到，新时代的画卷正在绘就，新征程已经开启。相信，拥有光荣传统的中国共产党一定会继续践行初心使命，续写伟大变革的中国故事。

党的二十大与中国改革开放

党的二十大是中国共产党已走过辉煌百年又踏上新的百年之际、是在新时代已走过极不寻常极不平凡的十年又迈上全面建设社会主义现代化国家新征程的关键时刻召开的一次重要会议，具有承上启下、继往开来的重大价值。改革开放是决定当代中国前途命运的关键一招，也是实现中华民族伟大复兴的关键一招。党的二十大报告虽然未就改革开放进行专题论述，但通篇贯穿着改革开放意识，不仅对改革开放取得的重大成就、存在的问题做出了梳理，而且明确了前进道路上必须牢牢坚持改革开放这个重大原则，并从经济社会多个领域就未来如何改革开放做出谋划部署。党的二十大是一次鲜明体现改革开放精神、着力推动改革开放走向深入的重要会议。

一、梳理概括我国改革开放取得的重大成就

党的二十大报告从三个层面概括了我国改革开放取得的成就，既照顾到全面也突出了重点，彰显了党的二十大对改革开放进展予以权威性梳理的特点。

第一个层面是论述十九大以来五年工作时两处提到改革。一是过去五年我们召开了七次全会，其中一次涉及“深化党和国家机构改革”。这主要是指出了党的十九届三中全会研究的主题。党的十九届三中全会部署推进的政治改革具有系统性、整体性、重构性。改革后，党中央机构共计减少6个，其中，正部级机构减少4个、副部

级机构减少2个。国务院机构共计减少15个，其中，正部级机构减少8个、副部级机构减少7个。党政合计，共计减少21个部级机构，其中，正部级12个、副部级9个。全国人大和全国政协各增加一个专门委员会。这次改革，“力度规模之大、涉及范围之广、触及利益之深前所未有”[①]。二是指出十九大以来五年“蹄疾步稳推进改革”。这主要包括召开党的十九届二中全会研究修改宪法，党的十九届三中全会部署党和国家机构改革，党的十九届四中全会部署推进国家治理体系和治理能力现代化，党的十九届五中全会研究制定“十四五”规划，党的十九届六中全会回顾百年历史包括总结改革开放成就等，一步一个脚印，稳扎稳打，稳中有进。同时，这五年来中央全面深化改革领导小组召开2次会议，中央全面深化改革委员会召开27次会议，合计召开29次关于改革开放的部署会、推进会，研究通过一系列重大改革举措。比如，党的十九大结束后，2017年11月20日召开的十九届中央全面深化改革领导小组第一次会议。习近平总书记在会上讲话时强调，过去几年来改革已经大有作为，新征程上改革仍大有可为。各地区各部门学习贯彻党的十九大精神，要注意把握蕴含其中的改革精神、改革部署、改革要求，接力探索，接续奋斗，坚定不移将改革推向前进。会议审议通过了《关于建立国务院向全国人大常委会报告国有资产管理情况的制度的意见》《关于加强贫困村驻村工作队选派管理工作的指导意见》《农村人居环境整治三年行动方案》《关于在湖泊实施湖长制的指导意见》《全面深化新时代教师队伍建设改革的意见》《关于拓展农村宅基地制度改革试点的请示》《关于改革完善全科医生培养与使用激励机制的意见》《中央团校改革方案》《关于立法中涉及的重大利益调整论证咨询的工作规范》《关于争议较大的重要立法事

① 习近平:《论坚持全面深化改革》，中央文献出版社2018年版，第445—446页。

项引入第三方评估的工作规范》《关于加强知识产权审判领域改革创新若干问题的意见》《关于贯彻落实党的十九大精神坚定不移将改革推向深入的工作意见》《中央全面深化改革领导小组工作总结》《中央全面深化改革领导小组工作规则（修订稿）》《中央全面深化改革领导小组专项小组工作规则（修订稿）》《中央全面深化改革领导小组办公室工作细则（修订稿）》等16个文件。这些年来，党中央召开这样的会议都很务实，基本每次会议都会通过一系列重大改革举措。党的二十大召开之前举行的中央全面深化改革委员会第二十七次会议，则审议通过了《关于健全社会主义市场经济条件下关键核心技术攻关新型举国体制的意见》《关于深化院士制度改革的若干意见》《关于全面加强资源节约工作的意见》《关于深化农村集体经营性建设用地入市试点工作的指导意见》《关于进一步深化改革促进乡村医疗卫生体系健康发展的意见》等五个文件。党的十九大以来这五年，通过的改革开放重大举措就有1000多项。因此，党的二十大报告用“蹄疾步稳”来定位过去五年的改革开放权威准确。

第二个层面是在肯定改革开放取得巨大成就的同时指出了仍然面临的问题。党的二十大报告指出“十年前，我们面对的形势是，改革开放和社会主义现代化建设取得巨大成就，党的建设新的伟大工程取得显著成效，为我们继续前进奠定了坚实基础、创造了良好条件、提供了重要保障，同时一系列长期积累及新出现的突出矛盾和问题亟待解决”。[①]这段话中指出改革开放取得巨大成就，是着眼于分析新时代取得伟大成就的背景和基础，表达的是在改革开放和社会主义现代化建设新时期中国共产党人的不懈努力。对这些因为艰辛努力带来的

① 习近平：《高举中国特色社会主义伟大旗帜 为全面建设社会主义现代化国家而团结奋斗——在中国共产党第二十次全国代表大会上的报告》，《人民日报》2022年10月26日第1版。

巨大成就，2021年11月召开的党的十九届六中全会审议通过的《中共中央关于党的百年奋斗重大成就和历史经验的决议》，专列一章“进行改革开放和社会主义现代化建设”从治党治国治军、内政外交国防等方面做出了详细论述，并强调指出“改革开放和社会主义现代化建设的伟大成就举世瞩目，我国实现了从生产力相对落后的状况到经济总量跃居世界第二的历史性突破，实现了人民生活从温饱不足到总体小康、奔向全面小康的历史性跨越，推进了中华民族从站起来到富起来的伟大飞跃”。[①]用两个“历史性”作为评价副词，用一个“伟大飞跃”彰显成就，表明了改革开放对中国进步的巨大意义。

同时，我国的改革开放也不是一帆风顺，还有很多需要解决的问题。党的二十大从党的领导、党的建设、经济社会发展、国防外交等角度列出一系列难题。比如党内存在不少对坚持党的领导认识模糊、行动乏力问题，存在不少落实党的领导弱化、虚化、淡化问题；经济结构性体制性矛盾突出，一些深层次体制机制问题和利益固化藩篱日益显现等。这些难题和过去改革不够深入有很大关系，解决这些难题的关键仍在于深化改革。这就不难让人想到，习近平总书记在党的十八大之后讲道，现在我国改革已经进入攻坚期和深水区，我们要坚持改革开放正确方向，敢于啃硬骨头，敢于涉险滩[②]。党的二十大报告既实实在在谈成就又实事求是谈问题，彰显了以习近平同志为核心的党中央运用唯物辩证法的纯熟和自觉，也为今后深化改革开放、增强改革开放的针对性指明了方向。

第三个层面是概括新时代十年来改革开放取得的显著进步。党的二十大报告分别就改革、开放的成就做出论述，不仅全面介绍了改革

①《中共中央关于党的百年奋斗重大成就和历史经验的决议》，人民出版社2021年版，第22页。

② 习近平:《论坚持全面深化改革》，中央文献出版社2018年版，第2页。

开放的巨大进展，而且突出了改革和开放在党和国家事业大局中的重要地位。这是因为，党的二十大报告从16个方面总结新时代的伟大成就，从布局上改革和开放就占了1/8。这和党的十九届六中全会通过的第三个历史决议从13个方面总结新时代伟大成就，全面深化改革开放是1/13的布局相比，明显是有所加重。考虑到第三个历史决议的篇幅和字数比二十大报告更大、更多，党的二十大对改革和开放分开总结，更能凸显改革开放在新时代的重要地位和发挥出的积极作用。与第三个历史决议夹叙夹议的注重历史性叙述不同，党的二十大报告着重从成就本身角度来梳理，用语更加凝练，更加突出改革开放领域最为显著、最为突出的进展。

关于新时代的改革成就，党的二十大报告指出“我们以巨大的政治勇气全面深化改革，打响改革攻坚战，加强改革顶层设计，敢于突进深水区，敢于啃硬骨头，敢于涉险滩，敢于面对新矛盾新挑战，冲破思想观念束缚，突破利益固化藩篱，坚决破除各方面体制机制弊端，各领域基础性制度框架基本建立，许多领域实现历史性变革、系统性重塑、整体性重构，新一轮党和国家机构改革全面完成，中国特色社会主义制度更加成熟更加定型，国家治理体系和治理能力现代化水平明显提高”。[①]这里没有讲具体数据，而是从精气神开始，从注重顶层设计切入，然后再以效果导向结尾，将改革成就定位为在制度建设上更进一步，在现代化水平上更有提高。关于新时代推进对外开放的成就，党的二十大报告指出，我们实行更加积极主动的开放战略，构建面向全球的高标准自由贸易区网络，加快推进自由贸易试验区、海南自由贸易港建设，共建“一带一路”成为深受欢迎的国际公

① 习近平：《高举中国特色社会主义伟大旗帜 为全面建设社会主义现代化国家而团结奋斗——在中国共产党第二十次全国代表大会上的报告》,《人民日报》2022年10月26日第1版。

共产品和国际合作平台。我国成为140多个国家和地区的主要贸易伙伴，货物贸易总额居世界第一，吸引外资和对外投资居世界前列，形成更大范围、更宽领域、更深层次对外开放格局。[①]这一论述是抓住了新时代十年对外开放成就中的几个重点展开的，涉及自由贸易区、“一带一路”、货物贸易、吸引外资和对外投资。这些成就有目共睹，令人信服。进入新时代，我国与150多个国家和地区以及30多个国际组织签订了有关合作协议，我国成为近150个国家的最大贸易伙伴，我国吸收外资在发展中国家位居第一，对外投资也连续十多年位居全球第三。据报道，我国吸收外资继续保持稳定增长，在2021年突破万亿元大关之后，2022年实际使用外资首次超过1.2万亿元。[②]

分述改革和开放取得巨大成就尤其是充分肯定党和国家事业取得举世瞩目成就之后，党的二十大报告还指出，必须清醒认识到，我们的工作还存在一些不足。这彰显了中国共产党人的底线思维和理性清醒。

二、明确前进道路上必须牢牢坚持改革开放的重大原则

着眼于新时代新征程中国共产党的使命任务，党的二十大明确提出，“从现在起，中国共产党的中心任务就是团结带领全国各族人民全面建成社会主义现代化强国、实现第二个百年奋斗目标，以中国式现代化全面推进中华民族伟大复兴”。[③]大会报告不仅论述了中国式现

---

① 习近平：《高举中国特色社会主义伟大旗帜 为全面建设社会主义现代化国家而团结奋斗——在中国共产党第二十次全国代表大会上的报告》，《人民日报》2022年10月26日第1版。

②《2022年实际使用外资首超1.2万亿元 再创历史新高》，《人民日报》2023年2月3日第1版。

③ 习近平：《高举中国特色社会主义伟大旗帜 为全面建设社会主义现代化国家而团结奋斗——在中国共产党第二十次全国代表大会上的报告》，《人民日报》2022年10月26日第1版。

代化的中国特色和本质要求，还对未来五年，乃至到2035年以至本世纪中叶的社会主义现代化建设目标做出了规划展望。这意味着从党的二十大开始，中国踏上了全面建设社会主义现代化国家的新征程。

全面建设社会主义现代化国家，是一项伟大而艰巨的事业。国际局势复杂多变，世界百年未有之大变局加速演进，世界之变、时代之变、历史之变正以前所未有的方式展开，世界进入新的动荡变革期。同时，我国发展进入战略机遇和风险挑战并存、不确定难预料因素增多的时期，各种“黑天鹅”“灰犀牛”事件随时可能发生。对此，习近平总书记鲜明指出，我们必须增强忧患意识，坚持底线思维，做到居安思危、未雨绸缪，准备经受风高浪急甚至惊涛骇浪的重大考验。[①]一方面任务艰巨繁重，另一方面国际国内局势复杂。基于稳中求进的总基调，基于实现既定中心任务的新要求，党的二十大提出前进道路上必须牢牢把握坚持和加强党的全面领导等五个重大原则。而坚持深化改革开放是五大原则之一。

关于坚持深化改革开放这一重大原则，党的二十大指出，深入推进改革创新，坚定不移扩大开放，着力破解深层次体制机制障碍，不断彰显中国特色社会主义制度优势，不断增强社会主义现代化建设的动力和活力，把我国制度优势更好转化为国家治理效能。[②]这段话内涵十分丰富，指出了改革要向深入推进，继续攻坚克难；指明了改革的问题指向，是破解深层次体制机制障碍；明确了对外开放的态度，是坚定不移；明确了改革开放的目标要求是通过“两个不断”来切实

① 习近平：《高举中国特色社会主义伟大旗帜 为全面建设社会主义现代化国家而团结奋斗——在中国共产党第二十次全国代表大会上的报告》，《人民日报》2022年10月26日第1版。

② 习近平：《高举中国特色社会主义伟大旗帜 为全面建设社会主义现代化国家而团结奋斗——在中国共产党第二十次全国代表大会上的报告》，《人民日报》2022年10月26日第1版。

发挥好我国制度优势，表现了以问题导向和目标导向相结合推进改革开放的思路原则。

把坚持改革开放作为中国式现代化道路上需要牢牢把握的重大原则，是因为1978年以来党和国家事业的伟大实践表明改革开放是当代中国发展进步的活力之源，是我们党和人民大踏步赶上时代前进步伐的重要法宝，是坚持和发展中国特色社会主义的必由之路[①]。中国式现代化是在世界现代化进程中进行的。世界现代化历史表明，现代化模式并非定于一尊，要探索出符合各国实际国情的现代化道路，需要冲破很多历史惯性、打破很多清规戒律，需要海纳百川的开放态度和大气谦和的包容精神，需要积极进取的学习借鉴他人。要推进中国式现代化，就必须坚持改革开放，才能打破各种体制机制束缚，才能冲破利益固化的藩篱，才能对人类文明成果持正确态度。党的十一届三中全会以来，中国之所以能够摆脱贫困、全面建成小康社会，创造伟大成就，取得巨大成功，很大程度上和实行了改革开放有关。面向未来，实践发展永无止境，解放思想永无止境，改革开放也永无止境，改革只有进行时，没有完成时。解决前进道路上的各种困难矛盾，仍然需要改革开放这个“重要法宝”、需要改革开放这个“关键一招”。

当然，新时代新征程的改革开放和党的十一届三中全会刚刚决策后的改革开放，从内涵到外延都已经发生了重大变化。新时代的改革开放更强调全面性、系统性、整体性、协调性。党的十八届三中全会对经济体制、政治体制、文化体制、社会体制、生态文明体制、国防和军队改革以及党的建设制度改革做出部署，确定全面深化改革的总目标、战略重点、优先顺序、主攻方向、工作机制、推进方式、时间

① 习近平:《论坚持全面深化改革》，中央文献出版社2018年版，第1页。

表、路线图。这一集中全党智慧的顶层设计，彰显了中国共产党人极强的战略思维、系统思维，由此引领实现了改革由局部探索、破冰突围到系统集成、全面深化的深刻改变，开创了我国改革开放新局面。

三、精心擘画新征程上如何实施改革开放

党的二十大虽然没有对改革开放做出专题专章部署，但在目标设计、部署各领域工作过程中都贯彻了改革开放的重大原则，都体现了改革开放的进取精神。可以说，党的二十大从目标要求到经济社会发展，都贯穿改革开放的自觉与主动。

从目标设定上看，关于未来五年的主要目标任务部分，党的二十大报告指出，改革开放迈出新步伐，国家治理体系和治理能力现代化深入推进，社会主义市场经济体制更加完善，更高水平开放型经济新体制基本形成；关于到2035年我国发展的总体目标部分，党的二十大报告指出，基本实现国家治理体系和治理能力现代化。鉴于五年一度的党代会报告，一般是回顾过去五年工作，对下一个五年工作做出部署。这次党代会报告，不仅对十九大以来的工作成效做出简要概括，而且对2022年至2027年工作做出安排，强调改革开放要迈出新步伐，意味着在经济社会各领域都要继续推进改革开放，改革开放要取得实实在在的新成效。对2035年目标提出规划，也是基于压茬推进中国式现代化建设，更好地明确前进方向。

目标设定之后，紧跟着就是具体的部署落实。党的二十大报告从全面推进社会主义现代化国家的角度，部署了经济社会各方面的工作，几乎每个领域都涉及改革开放，尤其是改革意味更加浓厚。从经济建设领域看，党的二十大总体要求“坚持社会主义市场经济改革方

向，坚持高水平对外开放”[①]，要求把实施扩大内需战略同深化供给侧结构性改革有机结合起来；在分论部分涉及改革内容则更加广泛，包括深化国资国企改革、完善中国特色现代企业制度、深化简政放权、完善产权保护等市场经济基础制度，以及深化金融体制改革、深化农村土地制度改革等。党的二十大报告在论述经济建设时单列一条“推进高水平对外开放”[②]，其内容涉及贸易投资、营商环境、共建“一带一路”、区域开放、西部陆海新通道建设、自贸区自贸港建设、人民币国际化以及全球产业分工合作等诸多领域。这向我们展现了未来五年经济领域的改革开放的全貌和努力方向。

党的二十大报告把“实施科教兴国战略，强化现代化建设人才支撑”单列。如此布局，在过去的党代会报告中没有过。这次党中央专门把教育、科技、人才工作专题部署，是鉴于教育、科技、人才是全面建设社会主义现代化国家的基础性、战略性支撑。但要让科技真正成为第一生产力、人才真正成为第一资源、创新真正成为第一动力，仍然需要深化改革扩大开放。在这一部分中，针对办好人民满意的教育提到了“深化教育领域综合改革，加强教材建设和管理，完善学校管理和教育评价体系，健全学校家庭社会育人机制”；针对完善科技创新体系提到了“完善党中央对科技工作统一领导的体制，健全新型举国体制”，“深化科技体制改革，深化科技评价改革，加大多元化科技投入，加强知识产权法治保障，形成支持全面创新的基础制度”；针对实施创新驱动发展战略提到了“提升科技投入效能，深化财政科

① 习近平:《高举中国特色社会主义伟大旗帜 为全面建设社会主义现代化国家而团结奋斗——在中国共产党第二十次全国代表大会上的报告》,《人民日报》2022年10月26日第1版。

② 习近平:《高举中国特色社会主义伟大旗帜 为全面建设社会主义现代化国家而团结奋斗——在中国共产党第二十次全国代表大会上的报告》,《人民日报》2022年10月26日第1版。

技经费分配使用机制改革，激发创新活力”；针对实施人才强国战略提到了“深化人才发展体制机制改革，真心爱才、悉心育才、倾心引才、精心用才，求贤若渴，不拘一格，把各方面优秀人才集聚到党和人民事业中来”。[①]这些举措针对性、实操性都很强，体现了党中央加强教育、科技、人才工作的思路途径。

全面依法治国是国家治理的一场深刻革命，必须在法治轨道上全面建设社会主义现代化国家。针对法治建设，党的二十大提出“深化事业单位改革”；“深化行政执法体制改革，全面推进严格规范公正文明执法，加大关系群众切身利益的重点领域执法力度，完善行政执法程序，健全行政裁量基准”；“深化司法体制综合配套改革，全面准确落实司法责任制，加快建设公正高效权威的社会主义司法制度”。涉及法治领域的这些改革，已经持续多年，但还有待于进一步向纵深推进，才能满足人民对美好生活的需要。

在文化建设领域，党的二十大报告指出要“深化文化体制改革，完善文化经济政策”。在社会建设领域，党的二十大报告指出要“深化医药卫生体制改革，促进医保、医疗、医药协同发展和治理”；“深化以公益性为导向的公立医院改革，规范民营医院发展”。在生态文明建设领域，党的二十大报告指出要“深化集体林权制度改革”；“实现碳达峰碳中和是一场广泛而深刻的经济社会系统性变革”。在国防和军队建设领域，党的二十大报告指出要“巩固拓展国防和军队改革成果”，“深化军队院校改革，建强新型军事人才培养体系，创新军事

① 习近平：《高举中国特色社会主义伟大旗帜 为全面建设社会主义现代化国家而团结奋斗——在中国共产党第二十次全国代表大会上的报告》，《人民日报》2022年10月26日第1版。

人力资源管理”。[①]以上领域改革的定位多冠以“深化”二字，主要是表明这些方面改革一直在推进，下一步还要继续加大力度。比如文化体制改革早在20世纪80年代就启动了，一直持续至今。

当然，政治建设领域、国家安全领域、外交领域、党的建设领域以及祖国统一方面，虽然在党代会报告中没有出现“改革”字样，但出现了“健全”“完善”等词汇，实际上党代会报告中提到这些领域采取的很多举措也要通过改革才能实现。尤其是党的建设领域，强调党的自我革命制度规范体系的健全完善，自然就涉及党的建设制度的改革。因此，绝不能因为党代会报告某些部分中没有提到“改革”字样，就简单认为这些领域不存在需要改革的问题，更不能在改革上不作为。

从总体上看，党的二十大报告的第四至第十五部分，是以分领域部署推进未来五年的社会主义现代化建设为主体展开的。“改革”字样出现较多的领域集中在经济建设、科教兴国、人才建设以及法治建设等方面，这表明了下一步改革开放迈出新步伐的安排是有针对性和重点的。经济建设是我们的中心工作，自然是深化改革的重点。科教兴国、人才建设关乎我们现代化建设的关键，深化改革也十分紧迫。法治建设是我国社会主义现代化建设的短板弱项，必须通过改革来补短板强弱项。

同时，要以系统观念来看党的二十大关于改革开放的战略安排。坚持系统观念，就是提倡用普遍联系的、全面系统的、发展变化的观点观察事物、把握事物发展规律，来推动经济社会发展。党的二十大做出的战略部署，都是着眼于社会主义现代化建设这个大局，着眼

① 习近平：《高举中国特色社会主义伟大旗帜 为全面建设社会主义现代化国家而团结奋斗——在中国共产党第二十次全国代表大会上的报告》，《人民日报》2022年10月26日第1版。

于整体上推进经济社会发展，具有极强的前瞻性、全局性。因此，我们要把二十大报告关于改革开放的举措联系起来看，一体部署、一体落实。

四、落实好党的二十大关于改革开放的重大部署

一分部署，九分落实。党的二十大对改革开放做出了周密部署。2022年底召开的中央经济工作会议也提出要谋划新一轮的全面深化改革开放。从我国改革开放40多年来的生动实践和积累的宝贵经验看，新征程上落实党的二十大关于改革开放的重大部署、推动改革开放事业胜利前进，至少需要做好以下几个方面工作。

（一）坚持党对改革开放的全面领导

中国共产党是领导我们事业的核心力量。中国人民和中华民族之所以能够扭转近代以后的历史命运、取得今天的伟大成就，最根本的是有中国共产党的坚强领导。[①]中国特色社会主义最本质的特征是中国共产党领导，中国特色社会主义制度的最大优势是中国共产党领导，中国共产党是最高政治领导力量，坚持党中央集中统一领导是最高政治原则。全面建设社会主义现代化国家、全面推进中华民族伟大复兴，关键在党。党如何领导改革开放事业呢？习近平总书记指出是“把方向、谋大局、定政策、促改革”。中国共产党不仅是改革开放重大决策的领导者，还是确保改革开放沿着正确方向前进的根本保证。中国共产党为了推进改革开放事业，总是从党和国家工作大局出发，把坚持改革开放和坚持四项基本原则统一起来，把改革开放写入党的基本路线，坚定不移推进改革开放，从而使得改革开放取得巨大成就。在新征程上，只要我们坚持和加强党的全面领导不动摇，深刻

①《中共中央关于党的百年奋斗重大成就和历史经验的决议》，人民出版社2021年版，第65页。

领悟“两个确立”的决定性意义，不断增强“四个意识”、坚定“四个自信”、做到“两个维护”，改革开放就一定能够健康前行，就能为全面建设社会主义现代化国家、全面推进中华民族伟大复兴提供澎湃动力。

（二）坚持正确的改革开放方向

习近平总书记指出，改革开放是一场深刻革命，必须坚持正确方向，沿着正确道路推进。对于中国共产党和中国而言，改革开放涉及范围之广、影响力度之大，确实是一场新的伟大革命。尤其是党的十八届三中全会开启了当代中国历史上最大范围的一次全面深化改革，更是需要时刻保持正确方向。这个方向就是我们一以贯之坚持的不断推动社会主义制度自我完善和发展。我国的改革也好，开放也罢，主要目的是完善发展我们的社会主义制度，决不是对社会主义制度的改弦易张。在改革开放中，我们既不走封闭僵化的老路，也不走改旗易帜的邪路，而是坚定不移走自己的道路即中国特色社会主义道路。正所谓，道不改，志不移。我国的改革开放，需要借鉴吸收人类文明成果，但绝不是照抄照搬、囫囵吞枣。世界在发展，社会在进步，不实行改革开放死路一条，搞否定社会主义方向的“改革开放”也是死路一条。[①]新征程上，把全面深化改革开放向纵深推进，目标依然是坚持和完善中国特色社会主义制度，不断推进国家治理体系和治理能力现代化。我们牢牢锚定这个总目标，绝不能在方向上出问题。

（三）坚持科学的改革方法论

习近平总书记指出，改革开放是前无古人的崭新事业，必须坚持正确的方法论。[②]方法科学正确，就会事半功倍。中国共产党作为马克思主义政党的一个鲜明特征就是强调方法论，既然要过河，就要解

① 习近平:《论坚持全面深化改革》，中央文献出版社2018年版，第6页。

② 习近平:《论坚持全面深化改革》，中央文献出版社2018年版，第6页。

决桥或船的问题。党的十八大以来，习近平总书记高度重视改革开放，从方法论上多次论述如何更好地推进改革开放。一是加强顶层设计和摸着石头过河相结合。这是富有中国特色、符合中国国情的改革方法。习近平总书记认为，摸着石头过河就是摸规律，而不是脚踩西瓜皮。采取试点，积累经验后再推开，就是摸着石头过河的典型方法。这种方法被广泛运用。新时代，我们设立自由贸易试验区、检察官员额制试点等都取得了巨大成功。随着改革开放向纵深推进，顶层设计、通盘考虑也很重要。推进改革开放，我们既要加强宏观思考和顶层设计，又要继续鼓励大胆试验、大胆突破，不断把改革开放引向深入。二是注重改革开放的系统性、整体性、协同性。改革开放是一个巨大的系统工程，必须加强系统集成，注意压茬推进，避免畸重畸轻、单兵突进、顾此失彼。改革开放涉及面广，要注意各环节各方面之间的协同，上下左右都要协同，避免出现基层部门接受来自四面八方的相同指令，使得改革开放的成效相得益彰。三是既要解放思想，更要实事求是。改革开放进程中，很多工作都具有开创性开拓性，必须敢闯敢想敢干，在思想上观念上要敢于突破，但这不同于蛮干胡干，而是要胆大心细，胆子要大、步子要稳，要立足于实事求是，要着眼改革发展稳定的统一。不从实际出发的解放思想是危险的，这在党的历史上有过惨痛教训。四是提高科学思维能力。要增强战略思维、历史思维、辩证思维、系统思维、创新思维、法治思维、底线思维能力等。只有具备了科学思维，才能在面对各种问题时做到从容不迫，在克服各种困难时做到心中有数，在各种挑战面前保持头脑清醒。此外，要注意精准思维的培养，改革开放推进到一定程度，对精准思维的要求会越来越高。还要注意在法治轨道上推进改革开放，绝不能打着改革开放的旗号，破坏法治。当然，与时俱进推进立法，为改革开放提供法治保障也很重要。

（四）增强推进改革开放的信心和勇气

信心和勇气比黄金还重要。习近平总书记指出，改革开放是我们党在新的时代条件下带领人民进行的新的伟大革命，是当代中国最鲜明的特色，也是我们党最鲜明的旗帜。[①]面对未来，要破解发展面临的各种难题，化解来自各方面的风险和挑战，需要坚强的信心和巨大的勇气。面对难啃的硬骨头，必须一鼓作气，瞻前顾后、畏葸不前不仅不能前进，而且可能前功尽弃。尤其是我们改革开放已经接近50年，很容易产生倦怠感，滋生不愿改不想改不主动改的情绪。随着我们取得的巨大成就，我们也很容易产生短视浅视、夜郎自大的毛病。同时，面对诸多难题，因为本领不够，对如何改革也无妙方，进而不愿改的问题也还存在。因此，我们必须要有“思想再解放、改革再出发”的精气神，必须要有“改革不停顿、开放不止步”的好状态。党的十八大以来，习近平总书记领导全党全国人民，啃下一个又一个硬骨头，涉过一个又一个险滩，推动新时代的改革开放取得历史性成就。新征程上，我们要紧密团结在以习近平同志为核心的党中央周围，以踔厉奋发的昂扬锐气，以敢于斗争的无畏勇气，砥砺奋进、勇毅前行，将全面深化改革开放进行到底。

---

① 习近平:《论坚持全面深化改革》，中央文献出版社2018年版，第41—42页。

下篇

怎样深入认识与推进改革开放

中国改革开放积累的宝贵经验

在中国大地上持续40多年的改革开放，创造了中国发展的奇迹，不仅深刻改变了中国，而且深刻影响了世界。在改革开放这场伟大革命中，中国人民积累了诸多宝贵经验。40多年来，学界有不少论著对改革开放经验进行过或深或浅的梳理分析，党中央在纪念党的十一届三中全会召开或在党代会的文件中对改革开放经验也有过权威概括。党的十八大以来，随着全面深化改革的实施，习近平总书记提出，要下大功夫总结和运用我国改革开放的成功经验。[①]在改革开放接近半个世纪之时，我们非常有必要在既往研究基础上，结合习近平总书记在庆祝改革开放40周年大会上的讲话，立足中国改革实际，遵循历史和现实统一的逻辑，全面总结改革开放进程中积累的宝贵经验，为继续推动全面深化改革和扩大开放提供经验借鉴与智力支撑。

一、改革开放的宏观经验

及时、科学、全面总结经验教训，是中国共产党不断取得成功的重要法宝。对改革开放实践中积累的成功经验，中国共产党曾多次予以总结，党的十六大总结了领导人民建设中国特色社会主义的十条基本经验，党的十七大阐明了加快实现现代化、巩固和发展社会主义

①《习近平在武汉召开部分省市负责人座谈会时强调 加强对改革重大问题调查研究 提高全面深化改革决策科学性》,《人民日报》2013年7月25日第1版。

“十个结合”的宝贵经验。学界曾就改革开放进行深入研究，从诸多视角总结成功经验。笔者以为，改革开放成功经验可分为宏观、微观两个层面，最主要的宏观经验如下。

第一，坚持解放思想，破除观念障碍，不断发展马克思主义。解放思想，永无止境。立足解放思想、实事求是是我们改革开放的一条宝贵经验。改革开放是一个全新试验，面对旧观念、旧思想的束缚，必须解放思想，打破旧观念的束缚。40多年来，在中国大地上掀起多次大讨论，思想不断解放，旧思想不断被冲破，新思想不断形成。1978年开展的关于真理标准问题的讨论，突破了陈旧观念的束缚，为重新确立解放思想、实事求是的思想路线立下大功；用实实在在的改革成就压制了动辄就问姓“社”姓“资”、姓“公”姓“私”等“左”的思潮，在此过程中社会主义市场经济体制的改革思路逐步形成，社会主义基本经济制度基本确立。正因我们立足于实事求是基础上不断解放思想，中国改革开放事业才取得巨大成就，马克思主义中国化的新成果才不断涌现。理论创新成果的涌现又反过来极大地推动了中国实践。中国特色社会主义进入新时代，要如期实现中华民族的伟大复兴，赢得具有许多新的历史特点的伟大斗争，就必须坚持解放思想，推动思想界、理论界竞相发声，使其充满生机活力，也促使大众充分发挥想象力、发挥积极性。

实践是理论之源。在改革开放实践中，中国共产党坚持解放思想、与时俱进，坚持和发展马克思主义，马克思主义中国化成果如邓小平理论、“三个代表”重要思想、科学发展观等先后涌现，中国特色社会主义理论体系不断丰富，为指导改革开放实践提供了理论指南。2017年10月，党的十九大通过的新党章指出：党的十八大以来，以习近平同志为主要代表的中国共产党人，顺应时代发展，从理论和实践结合上系统回答了新时代坚持和发展什么样的中国特色社会主义、怎样坚持和发展中国特色社会主义这个重大时代课题，创立了习近平新时代中国特色社会主义思想。2018年3月，把习近平新时代中国特色社会主义思想写进了宪法，将其确立为全国长期坚持的指导思想。习近平新时代中国特色社会主义思想是马克思主义中国化最新成果，是中国特色社会主义理论体系的最新组成部分。没有党的指导思想和与时俱进的理论创新，不断把马克思主义和中国改革实践结合起来，改革开放就不会有正确的理论指导。改革开放的顺利推进与中国共产党不断坚持解放思想、坚持和发展马克思主义，存在良性互动关系。

第二，坚持制度创新，破除体制障碍，坚持推进全面改革。改革开放以前，中国经济之所以发展缓慢，主要是因为方方面面体制机制压抑了农民、企业的积极性。启动于20世纪70年代末的改革开放，就是不断推进制度创新，打破以往体制机制的束缚，增强农民、企业等各类社会主体的积极性，解放和发展生产力。改革开放40多年来，我们一方面毫不动摇坚持根本政治制度、基本经济制度，同时坚持推进体制机制创新，形成了从根本制度到体制机制等多层次的制度体系，为改革开放提供了制度保障。40多年来，中国实现了从高度集中的计划经济体制到充满活力的社会主义市场经济体制的历史性转变，从政企不分、政事不分的文化体制到政企分开、政事分开的文化体制的变革。同时，中国的政治、社会、生态、国防军队、党的建设等方面的体制都在日益成熟定型。必须要看到，中国制度和体制机制还需要一定时间来丰富和完善。因此，党的十九大明确提出了完善国家治理体系和提升治理能力的阶段性目标：到2035年国家治理体系和治理能力基本实现现代化，到21世纪中叶国家治理体系和治理能力实现现代化。党的十九届四中全会、党的二十大、党的二十届三中全会，又延续性予以安排部署。

有人错误地以为，中国改革仅限于经济领域。在20世纪80年代，我们就提出进行全面改革，党的十二届三中全会后，进行的改革就具有全面性。党的十三大明确提出全面改革的提法。党的十三届三中全会明确提出“全面深化改革”。在总结经验的基础上，党的十八届三中全会不仅提出全面深化改革，而且精心部署全面深化改革，从领域到联动上都有历史性突破。这是一个重大进步。现在来看，问题的实质是改什么、不改什么，有些不能改的，再过多长时间也是不改，不能把这说成是不改革。我们不断推进改革，是为了推动党和人民事业更好发展，而不是为了迎合某些人的“掌声”。[①]“不能改的”是指经过长期实践检验被证明为符合中国国情的根本政治制度、基本政治制度和基本经济制度，中国共产党绝不能在根本性问题上犯颠覆性错误。

第三，坚持以人民为中心，让百姓共享改革果实，不断增强人民的获得感。改革开放以来，中国共产党坚持以人为本，高度重视民生工作，着眼于民生改善采取了很多重大举措，包括实施社会主义新农村建设、发布20多个“一号文件”推动农村发展、实施扶贫攻坚计划、建立社会保障制度体系等。这些措施都取得了显著效果，得到了人们的衷心拥护。2016年4月18日，习近平总书记指出，把以人民为中心的发展思想体现在经济社会发展各个环节，做到老百姓关心什么、期盼什么，改革就要抓住什么、推进什么，通过改革给人民群众带来更多获得感。[②]有些国家之所以在“颜色革命”中，执政党下台，社会陷入动荡，人民生活陷入困顿，主要是因为这些国家的执政者没有代表广大人民利益，改革成果没有让人民共享，而是由一个或多个

① 中共中央文献研究室：《习近平关于全面深化改革论述摘编》，中央文献出版社2014年版，第20页。

② 习近平：《习近平谈治国理政》第2卷，外文出版社2017年版，第103页。

家族来享受。因此，中国要继续坚持改革成果人民共享、改革绩效人民评判的改革价值观，不断完善收入分配机制，让绝大多数人享受改革红利，为继续深化改革凝聚信心、凝聚共识。

第四，独立自主，走自己的道路，坚持和发展中国特色社会主义。中国改革开放之所以取得成功，与不照抄照搬别国的经验、独立自主走自己的改革开放之路有很大关系。“文化大革命”结束之后，面临着走老路、走邪路和开新路的重大抉择，中国选择的是立足中国实际走一条新路。实践证明，中国走成功了。改革开放进入第十一个年头时，我们又碰到了重大考验，改革开放的路线能不能坚持下来面临考验。就此，富有历史经验和治国理政智慧的邓小平明确指出，要继续贯彻执行十一届三中全会以来的路线、方针、政策，连语言都不变。[①]他还多次强调，我们要大胆借鉴人类文明成果。党的十八大以来，习近平总书记多次指出，我们要守正创新，保持战略定力、政治定力，在根本性问题上，绝不犯颠覆性错误。我们必须坚持从中国实际出发，从自己的国情出发，独立自主地思考脚下的路，走已经被实践证明了的中国特色社会主义道路。

第五，坚持正确的改革方法论，在不断实践探索中推进。在中国进行如此大规模的改革开放前无古人，必须在不断实践中探索前进。20世纪80年代，党中央提出摸着石头过河的思路，主要是因为原来没搞过、没干过，就得大胆探索。习近平总书记认为，摸着石头过河，符合人们对客观规律的认识过程，符合事物从量变到质变的辩证法。不能说改革开放初期要摸着石头过河，现在再摸着石头过河就不能提了。我们是一个大国，决不能在根本性问题上出现颠覆性失误，一旦出现就无可挽回、无法弥补。同时，又不能因此就什么都不动、

① 邓小平：《邓小平文选》第3卷，人民出版社1993年版，第296页。

什么也不改，那样就是僵化、封闭、保守。[①]但并不是说党的十八大以前中国不存在顶层设计。20世纪80年代，我们曾针对经济体制改革、政治体制改革，专门设计过方案。党的十八大以来，习近平在总结过去经验的基础上，强调正确处理包括顶层设计和摸着石头过河在内的五大关系，强调注重改革的系统性、整体性、协同性，强调改革要于法有据，形成一整套正确的改革方法论。正是因为一贯坚持了正确方法论，我们的改革开放才走到今天，才取得如此丰硕的成果。

二、改革开放的具体经验

改革开放40多年来，中国积累了一些操作性较强的具体经验，包括先试点总结经验后再推广、决策层注意吸取基层群众智慧、对人类文明成果保持开放态度、鼓励试鼓励闯，等等。这些具体经验成为继续推动改革开放的重要方法，在实践中发挥了重要作用。

一是先试点总结经验再推广。无论是改革还是开放，40多年来中国多是采取先试点、取得经验后再推广的方式。比如开放，我们先试办了深圳、珠海、厦门、汕头四个经济特区，取得经验后再到开放北起大连南至北海的14个沿海港口城市以及长江三角洲、珠江三角洲和闽南厦漳泉三角地带。设立自由贸易区也是先在上海试点，取得经验后，再扩大到广东、天津等多地。2018年中央决定在海南建设自由贸易试验区，探索建设自由贸易试验港。始于20世纪70年代末的城市经济改革，也是先选择四川等地八家企业试点。包括股票也是在上海、深圳两地试点后扩大并逐渐予以规范化的。这一经验已被证明是合乎中国实际的举措，在中国具有一定的普适性。试点取得经验后再推广的方法，既可以降低改革摩擦成本，也可把错误范围缩小，

① 中共中央文献研究室:《习近平关于全面深化改革论述摘编》，中央文献出版社2014年版，第34—35页。

在更大程度上利于改革开放的整体推进。

二是决策层注意吸收基层群众智慧。邓小平曾经说过，农村搞家庭联产承包，这个发明权是农民的。农村改革中的好多东西，都是基层创造出来，我们把它拿来加工提高作为全国的指导。[①]包产到户，农民在20世纪50年代就试验过。发端于社队企业的乡镇企业也是中国基层的一大创造。国有企业改革初期曾经试过的承包制，就受到农民承包土地取得明显绩效后的启发。实施村民自治过程中，浙江武义县后陈村创造性地建立村民监督委员会的做法，后来被写进了国家颁布的村民自治法。这些例子都表明，蕴藏在群众中的智慧是无穷的，我们必须坚持走群众路线。中央决策层也必须时刻关注来自基层的创新创造。在很大程度上，中国改革决策带有上下互动的鲜明特点。

三是对人类文明成果保持开放态度。中国一直有开放的传统。印度佛教、基督教传入中国后都先后与中国儒家文化碰撞融合，成为中华文化的有机组成部分。邓小平曾说，我们要大胆吸收一切可以借鉴的人类文明成果。改革开放以来，中共中央领导人特别注重开放心态的培育和坚守。对于那些符合人类社会发展规律的人类文明成果，都主张拿来主义。利用市场配置资源、实行市场经济、发行股票、在国企推广现代企业制度并实行股份制，提倡“互联网+”等都是如此。2013年11月，习近平总书记在党的十八届三中全会第二次全体会议上讲话时特别强调，纵观世界，变革是大势所趋、人心所向，是浩浩荡荡的历史潮流，顺之则昌、逆之则亡。[②]这就揭示了具有世界眼光、顺应潮流的重要性。

① 邓小平:《邓小平文选》第3卷，人民出版社1993年版，第382页。

② 中共中央文献研究室:《习近平关于全面深化改革论述摘编》，中央文献出版社2014年版，第11页。

四是鼓励试、鼓励闯。中国改革开放取得成功在很大程度上是靠在中国共产党号召下广大党员干部群众敢试敢闯敢干。1992年，邓小平在南方谈话中说，不冒点风险，办什么事情都有百分之百的把握，万无一失，谁敢说这样的话？一开始就自以为是，认为百分之百正确，没那么回事，我就从来没有那么认为。[①]后来的中央领导人都秉持这个态度，鼓励大家创新。鼓励探索创新是中国共产党的优良传统，也是中国改革开放的宝贵经验。

作为一个比较成熟的执政党，既要善于总结成功经验，继续发扬光大；又要敢于总结反面的经验，避免再走弯路。中国改革开放40多年，是一部非常丰富和深厚的教科书。改革开放以来，做出了很多正确的体制和政策选择，正是因为有了改革开放，所以形成了具有竞争力的中国特色社会主义体制。同时纪念改革开放，也有必要总结期间不太正确的做法。其间，也有一些选择是在实践过程中不可避免的，要通过研究总结，才能够逐渐提高，甚至也有个别做法和选择是错误的。我们必须坚持历史唯物主义，全面总结党领导改革开放的历史经验。过去，中国确实存在过有时急于求成、侧重经济体制改革、统筹协调性不够等诸多问题。知不足而后进。既要看到成功之处，承认中国在改革开放中取得巨大辉煌成就，这是第一位的；同时也要看到我们以往存在诸多不足。只有全面总结经验教训，才能令人信服，才能真正取得进步。

三、积极运用经验，推动党和国家事业前进

2018年12月18日，习近平总书记在庆祝改革开放40周年大会上总结了九个方面改革开放宝贵经验，即必须坚持党对一切工作的领

① 邓小平:《邓小平文选》第3卷，人民出版社1993年版，第372页。

导，不断加强和改善党的领导；必须坚持以人民为中心，不断实现人民对美好生活的向往；必须坚持马克思主义指导地位，不断推进实践基础上的理论创新；必须坚持走中国特色社会主义道路，不断坚持和发展中国特色社会主义；必须坚持完善和发展中国特色社会主义制度，不断发挥和增强我国制度优势；必须坚持以发展为第一要务，不断增强我国综合国力；必须坚持扩大开放，不断推动共建人类命运共同体；必须坚持全面从严治党，不断提高党的创造力、凝聚力、战斗力；必须坚持辩证唯物主义和历史唯物主义世界观和方法论，正确处理改革发展稳定关系。这“九个必须坚持”是“党和人民弥足珍贵的精神财富，对新时代坚持和发展中国特色社会主义有着极为重要的指导意义，必须倍加珍惜、长期坚持，在实践中不断丰富和发展”。①

经验是人类对过去经历的总结，也是人类前行的标记。推动改革开放，也是在不断总结经验中前进的。过去突出强调摸着石头过河，现在突出强调顶层设计同时也要摸着石头过河，就是改革开放事业前进的过程决定的。我们要牢记改革开放的宝贵经验，同时也要结合新时代全面深化改革开放的实践进一步总结新时代的改革经验。2024年7月举行的党的二十届三中全会，对改革开放以来尤其是新时代全面深化改革的宝贵经验进行了总结，提出了“六个坚持”的原则。这些都是改革积累的经验。把这些经验总结好、使用好，使得我们的改革开放更加健康前行。

在当代中国推进改革开放是全新的伟大事业，需要付出巨大的勇气和努力。对过往不仅不能求全责备，还很有必要保持敬畏。无论是成功经验还是失误教训，都是改革开放以来中国积攒的宝贵财富，是整个国家继续健康前行的闪闪路标。改革开放以来的风雨历程表明，

① 习近平：《论中国共产党历史》，中央文献出版社2021年版，第225页。

没有改革开放，中国不可能有今天这样的大好局面。当下，中国改革开放已经进入攻坚期和深水区，面临很多难啃的硬骨头，必须坚定信心，调动一切积极因素，继续全面深化改革。正如习近平总书记所说："要继续高举改革旗帜，站在更高起点谋划和推进改革，坚定改革定力，增强改革勇气，总结运用好党的十八大以来形成的改革新经验，再接再厉，久久为功，坚定不移将改革进行到底。"[①]

① 习近平:《习近平谈治国理政》第2卷，外文出版社2017年版，第107页。

坚持党的领导是改革开放成功的关键和根本

习近平总书记指出，正是因为始终坚持党的集中统一领导，我们才能实现伟大历史转折、开启改革开放新时期和中华民族伟大复兴新征程。[①]40多年来，在党的坚强正确领导下，中华民族迎来了从站起来、富起来到强起来的伟大飞跃，中国特色社会主义迎来了从创立、发展到完善的伟大飞跃，中国人民迎来了从温饱不足到小康富裕的伟大飞跃，中华民族正以崭新姿态屹立于世界的东方。改革开放以来积累的宝贵经验是党和人民弥足珍贵的精神财富，必须倍加珍惜、长期坚持，在实践中不断丰富和发展。

一、以实践基础上的创新理论为行动指南

40多年来，我们党坚持理论联系实际，及时回答时代之问、人民之问，廓清困扰和束缚实践发展的思想迷雾，不断推进马克思主义中国化时代化，不断开辟马克思主义发展新境界，形成了邓小平理论、“三个代表”重要思想、科学发展观和习近平新时代中国特色社会主义思想。这些重大理论成果，科学回答了“什么是社会主义、怎样建设社会主义”“建设什么样的党、怎样建设党”“实现什么样的发展、怎样发展”“新时代坚持和发展什么样的中国特色社会主义、怎

① 习近平:《论中国共产党历史》，中央文献出版社2021年版，第225页。

样坚持和发展中国特色社会主义”等根本性问题，以我国社会主义改革开放和现代化建设的实际问题为基点，以我们正在做的事情为中心，推动马克思主义基本原理同中国具体实际相结合、同中华优秀传统文化相结合，是立于时代前沿、与时俱进的科学理论，是引领改革开放实践、不断铸就新辉煌的行动指南。

党的十八大以来，在习近平新时代中国特色社会主义思想指导下，我们党着力增强改革系统性、整体性、协同性，着力提升人民群众的获得感、幸福感、安全感，推出多项改革方案，啃下了不少硬骨头，闯过了不少急流险滩，改革呈现全面发力、多点突破、蹄疾步稳、纵深推进的局面；顺应经济全球化潮流，积极参与经济全球化进程，以更加开放包容的姿态，加强同世界各国的互容、互鉴、互通，不断把对外开放提高到新的水平，使中国实现了从赶上时代到引领时代的伟大跨越，并日益走近世界舞台中央，成为国际社会公认的世界和平的建设者、全球发展的贡献者、国际秩序的维护者。

实践充分证明，改革开放是中国人民和中华民族发展史上一次伟大革命，以不可辩驳的事实彰显了科学社会主义的鲜活生命力。实践发展永无止境，解放思想永无止境。前进道路上，我们必须坚持马克思主义指导地位，不断推进实践基础上的理论创新。发展21世纪马克思主义、当代中国马克思主义，是当代中国共产党人责无旁贷的历史责任。要强化问题意识、时代意识、战略意识，不断回答时代和实践提出的新的重大课题，让当代中国马克思主义放射出更加灿烂的真理光芒。

二、始终坚持改革开放的正确方向

方向决定前途命运、事业成败。中国是一个大国，决不能在根本性问题上出现颠覆性错误。所谓根本性问题就是方向问题、战略问题，就是举什么旗、走什么路的问题。40多年来，我们党牢牢把握改革开放的前进方向，始终推动改革开放沿着中国特色社会主义道路、完善和发展中国特色社会主义制度的正确方向前进。

在1979年的全国理论工作务虚会上，邓小平同志指出，必须在思想政治上坚持四项基本原则，这是实现四个现代化的根本前提。在1982年党的十二大开幕式上，邓小平同志鲜明指出，我们总结长期历史经验得出的基本结论就是“走自己的道路，建设有中国特色的社会主义”。[①]党的十三大提出以“一个中心、两个基本点”为主要内容的基本路线，从基本路线的高度指出了两个基本点之间的辩证统一关系：四项基本原则是立国之本，改革开放是强国之路，统一于社会主义现代化建设事业之中。同时，改革开放必须坚持四项基本原则；改革开放伟大实践又为坚持四项基本原则注入生机活力。1992年，邓小平同志在南方谈话中指出：“我们要在建设有中国特色的社会主义道路上继续前进。”[②]1993年，他在和弟弟邓垦对话时还强调“四个坚持”是成套设备，没有什么输理的地方。1998年12月18日，江泽民同志在纪念党的十一届三中全会召开20周年大会上的讲话中指出，我们的经济建设，是以四项基本原则为政治保证、以改革开放为强大动力的；我们的改革开放，是以进一步解放和发展生产力、巩固和发展社会主义制度为目的的；我们的四项基本原则，是保证改革开放和经济建设沿着正确的方向前进，同时又从新的实践中不断吸取新的经验来丰富和发展的。[③]2008年12月18日，胡锦涛同志在总结改革开放30年创造性实践中积累的宝贵经验时也强调，必须把坚持四项基本原则同坚持改革开放结合起来，牢牢扭住经济建设这个中心，始终

---

① 邓小平：《邓小平文选》第3卷，人民出版社1993年版，第3页。

② 邓小平：《邓小平文选》第3卷，人民出版社1993年版，第383页。

③ 江泽民：《江泽民文选》第2卷，人民出版社2006年版，第252页。

保持改革开放正确方向。①

当前，国内外形势发生深刻复杂变化，全面深化改革和对外开放进入了新阶段。改革到了一个新的重要关头，推进改革的复杂程度、敏感程度、艰巨程度，一点都不亚于改革之初。世界正处于百年未有之大变局，我国的对外开放也遇到不少新情况、新挑战。习近平总书记在主持召开第十九届中央全面深化改革委员会第五次会议时强调，继续高举改革开放伟大旗帜，把握完善和发展中国特色社会主义制度、推进国家治理体系和治理能力现代化的总目标，不断把新时代改革开放继续推向前进。②

40多年来，我们党始终强调坚定不移把握改革开放的正确方向，这充分体现了我们党对坚持和发展中国特色社会主义的政治自信和使命担当。我们党已经找到一条适合中国国情的正确发展道路，那就是既不走封闭僵化的老路也不走改旗易帜的邪路，而是坚定不移走中国特色社会主义道路。中国特色社会主义道路是当代中国大踏步赶上时代、引领时代发展的康庄大道，必须毫不动摇走下去。

三、顺应开放合作时代潮流，促进共同发展

当今世界是开放的世界，开放合作潮流浩浩荡荡。世界已经成为你中有我、我中有你的地球村，各国经济社会发展相互影响，推进互联互通、加快融合发展成为促进共同繁荣发展的必然选择。只有顺应历史潮流，积极应变，主动求变，才能与时代同行。40多年来，中国积极融入世界，顺应时代大潮，坚持对外开放的基本国策，实行积极主动的开放政策，形成全方位、多层次、宽领域的全面开放新格

① 胡锦涛:《胡锦涛文选》第3卷，人民出版社2016年版，第158页。

② 转引自新华社:《深刻总结改革开放伟大成就宝贵经验 不断把新时代改革开放继续推向前进》,《人民日报》2018年11月15日第1版。

局，书写了改革开放的精彩篇章。

改革开放之初，邓小平同志明确提出中国实行改革的目的就是跟上时代。所谓跟上时代，就是不做落伍者、不闭关自守、不夜郎自大，就是在自力更生基础上与世界各国开展平等互利的交流合作。中共十一届三中全会开启了对外开放的历史新时期。1979年初蛇口工业区设立，1980年深圳、珠海、汕头、厦门设立经济特区，1984年大连、北海等14个沿海港口城市进一步对外开放，1990年中央推进形成了以上海浦东为龙头的长江流域开放带。这一阶段的对外开放，引进了大量国外资金、技术和先进管理经验，使国内商品市场丰富和繁荣起来。1992年，邓小平南方谈话之后，对外开放步伐进一步扩大，由沿海地区向内陆腹地和边疆地带迅速拓展。2001年底，我国加入世界贸易组织，对外开放进入一个新阶段。党的十六大以后，我国吸收利用外资实现新发展，规模和质量全面提升。党的十八大以来，对外开放水平进一步提升，中国经济不仅仅局限于“引进来”，更提升了“走出去”的高度，提出“一带一路”倡议、建设自由贸易试验区、设立亚洲基础设施投资银行，中国在国际经贸体系中的地位越来越突出，已经逐渐成为经济全球化的重要推动者。

过去40多年中国经济发展是在开放条件下取得的，未来中国经济实现高质量发展也必须在更加开放的条件下进行。习近平总书记在博鳌亚洲论坛2018年年会开幕式上的主旨演讲中指出，中国40年改革开放给人们提供了许多弥足珍贵的启示，其中最重要的一条就是，一个国家、一个民族要振兴，就必须在历史前进的逻辑中前进、在时代发展的潮流中发展。①2022年召开的党的二十大就推进高水平对外开放做出了部署。沿着历史前进的逻辑前进，就是为了满足人民美好

① 傅育宁：《把握历史大势 推进改革开放》，《人民日报》2018年12月23日第5版。

生活的需求，朝着正确的方向不断推进改革。在时代发展的潮流中发展，就是契合世界各国人民要发展、要合作、要和平生活的时代潮流，高举开放合作旗帜，积极开展互利合作，努力构建人类命运共同体，共同建设持久和平、普遍安全、共同繁荣、开放包容、清洁美丽的世界。

四、锻造具有改革精神的干部队伍

治国之要，首在用人。40多年来，我们党坚持不懈用敢想敢干、敢为人先的改革精神教育武装广大党员干部，不断完善干部激励机制，着力培养忠诚干净担当的高素质干部队伍和宏大的人才队伍，为顺利推进改革开放提供了坚强的组织保证。

党的十八大以来，随着改革进入深水区和攻坚期，改革每前进一步，都是难啃的硬骨头，越来越需要一大批党员领导干部做拥护改革、支持改革、敢于担当的促进派，做把改革抓在手上、落到实处、干出成效的实干家，真正在谋划、推动、落实改革中破解难题、冲破阻力、锐意进取、推动落实。习近平总书记多次强调，党员领导干部既要当改革促进派，又要当改革实干家。近年来，党中央在全党积极营造让更多崇尚改革的党员领导干部涌现出来的良好氛围，一大批奋发有为、敢于担当、敢闯敢试、创新创业的行家里手和骨干力量脱颖而出。

推动新时代改革开放事业不断向前发展，关键在干部。党的十九大报告指出，坚持严管和厚爱结合、激励和约束并重，完善干部考核评价机制，建立激励机制和容错纠错机制，旗帜鲜明为那些敢于担当、踏实做事、不谋私利的干部撑腰鼓劲。为敢闯敢冒的干部撑腰，为敢担当、敢开拓的干部鼓劲，切实把那些积极支持改革、自觉参与改革、大力推进改革的干部选出来、用起来。给那些想干事、敢干事的干部以舞台，把敢试、敢闯、敢负责的干部推上前台，引领各级干部投身改革、推动改革，在全面深化改革中大显身手，在推动改革发展的实践中干事创业。党的二十大报告进而指出，要建设堪当民族复兴重任的高素质干部队伍。全面建设社会主义现代化国家，必须有一支政治过硬、适应新时代要求、具备领导现代化建设能力的干部队伍。坚持党管干部原则，坚持德才兼备、以德为先、五湖四海、任人唯贤，把新时代好干部标准落到实处。树立选人用人正确导向，选拔忠诚干净担当的高素质专业化干部，选优配强各级领导班子。坚持把政治标准放在首位，做深做实干部政治素质考察，突出把好政治关、廉洁关。加强实践锻炼、专业训练，注重在重大斗争中磨砺干部，增强干部推动高质量发展本领、服务群众本领、防范化解风险本领。加强干部斗争精神和斗争本领养成，着力增强防风险、迎挑战、抗打压能力，带头担当作为，做到平常时候看得出来、关键时刻站得出来、危难关头豁得出来。完善干部考核评价体系，引导干部树立和践行正确政绩观，推动干部能上能下、能进能出，形成能者上、优者奖、庸者下、劣者汰的良好局面。抓好后继有人这个根本大计，健全培养选拔优秀年轻干部常态化工作机制，把到基层和艰苦地区锻炼成长作为年轻干部培养的重要途径。重视女干部培养选拔工作，发挥女干部重要作用。重视培养和用好少数民族干部，统筹做好党外干部工作。做好离退休干部工作。加强和改进公务员工作，优化机构编制资源配置。坚持严管和厚爱相结合，加强对干部全方位管理和经常性监督，落实“三个区分开来”，激励干部敢于担当、积极作为。关心关爱基层干部特别是条件艰苦地区干部。这对干部队伍建设提出了明确要求。

五、善于抓住重点推进改革开放

以重点带动全局，是我们党推进改革开放的重要方法论。重要领域牵一发而动全身，关系到改革大局，是改革的重中之重；关键环节“一子落而满盘活”，关系到改革成效，是改革的有力支点。以重要领域和关键环节为突破口，可以对全面改革起到牵引和推动作用。

改革开放以来中国经济体制改革的历史，就是一部以重要领域和关键环节为突破口，推动改革不断向纵深发展的历史。党中央提出改革思路、明确改革目标，在重点领域改革破局开路，对经济体制改革全局起到牵引和推动作用。党的十一届三中全会后，改革首先从农村开始，逐步向城市推进；从开展改革试点，积累经验，再逐步推广；对外开放从兴办经济特区向开放沿海、沿江乃至内地推进。以党的十四大确立社会主义市场经济体制的改革目标、党的十四届三中全会通过《中共中央关于建立社会主义市场经济体制若干问题的决定》为标志，我国正式确立社会主义市场经济的改革方向和基本内容。到2002年，社会主义市场经济体制的基本框架初步建立。党的十六大提出，到2020年建成完善的社会主义市场经济体制的改革目标，党的十六届三中全会对建设完善的社会主义市场经济体制做出全面部署，改革进入完善社会主义市场经济体制的新阶段。党的十八大以来，围绕经济体制改革这个重点，我们深化国有企业改革、财税体制改革、金融体制改革、农村土地制度改革、教育体制改革、医药卫生体制改革、司法体制改革、生态文明体制改革以及构建开放型经济新体制等，一系列重要领域和关键环节改革稳步向前，以点带面，牵引带动其他改革一并推进，为中国发展注入了澎湃动力。党的二十大着眼新征程上党的中心任务，不仅从经济、政治、文化等各领域就改革做出部署，还专门强调实施科教兴国战略，强化现代化建设人才支撑，把教育、科技、人才领域的改革摆到突出位置。

40多年来，从开启新时期到跨入新世纪，从站上新起点到进入新时代，我们党引领人民绘就了一幅波澜壮阔、气势恢宏的历史画卷，谱写了一曲感天动地、气壮山河的奋斗赞歌。40多年的伟大实践充分证明：坚持党的领导是推进改革开放进程并不断取得胜利的关键所在。在坚持党的领导这个决定党和国家前途命运的重大原则问题上，必须保持高度的思想自觉、政治自觉、行动自觉，丝毫不能动摇。新时代把改革开放这场伟大革命继续向前推进，必须坚持党对一切工作的领导，不断加强和改善党的领导，确保我们党在革命性锻造中坚定走在时代前列，确保改革开放这艘航船沿着正确方向航向行稳致远。

全面深化改革必须坚持“三个不能变”

2017年11月20日，习近平主持召开十九届中央全面深化改革领导小组第一次会议。会议强调，站在更高起点谋划和推进改革，必须深入学习贯彻党的十九大精神和习近平新时代中国特色社会主义思想，坚定改革方向，继续统筹推进各领域各方面改革。最为关键的是，无论改什么、改到哪一步，坚持党对改革的集中统一领导不能变，完善和发展中国特色社会主义制度、推进国家治理体系和治理能力现代化的总目标不能变，坚持以人民为中心的改革价值取向不能变。①这“三个不能变”是中国全面深化改革的大原则。正确理解和准确把握“三个不能变”的改革原则，对于在新时代继续全面深化改革有着重要意义。

一、坚持党对改革的集中统一领导不能变

1978年以来，中国改革开放走过了极不平凡的历程。40多年来，中国人民艰苦奋斗、团结奋斗、不懈奋斗，推动党和国家事业发展取得辉煌成就。目前，中国是世界第二大经济体，制造业规模、外汇储备稳居世界第一。中国人民生活从短缺走向充裕、从贫困走向小康，解决了绝对贫困问题，全面建成了小康社会。中国基础研究和原始创

---

①《习近平主持召开十九届中央全面深化改革领导小组第一次会议强调 全面贯彻党的十九大精神 坚定不移将改革推向深入》,《人民日报》2017年11月21日第1版。

新不断加强，进入创新型国家行列。[①]中国改革开放取得成功背后的因素众多，坚持党的领导，全面从严治党，是改革开放取得成功的关键和根本[②]。

中国共产党的集中统一领导是中国改革开放取得成功的根本原因。中国的改革开放是在党的领导下有步骤有秩序进行的。在整个改革开放过程中，党通过把方向、谋大局、定政策，确保改革开放的正确方向，使改革开放符合中国特色社会主义事业发展大局。早在1979年，邓小平就鲜明提出坚持四项基本原则，实际上为改革开放在政治上划定了底线。坚持改革开放，就必须坚持四项基本原则。一部中国改革开放史，证明了邓小平提出四项基本原则和我们党一以贯之坚持四项基本原则的高超领导智慧。坚持四项基本原则为改革开放沿着正确方向前进提供了政治保证。习近平一直强调，中国的改革是有方向、有立场、有原则的，改革开放必须坚持正确方向。这个正确方向就是完善和发展中国特色社会主义制度，坚持走中国特色社会主义道路。正是因为党旗帜鲜明牢牢掌握改革的方向舵，才确保了中国改革开放沿着正确方向前进。

中国特色社会主义是一篇大文章，发展中国特色社会主义是一个大棋局。写好这篇大文章必须在谋篇布局上下大功夫，下好这个大棋局必须讲究举棋落子。改革开放在书写这篇大文章、下好这盘大棋中发挥出重要作用，是关键一子、关键一招。40多年来，党领导中国人民坚持立足国情、放眼世界，既强调独立自主、自力更生，又注重

① 习近平：《高举中国特色社会主义伟大旗帜 为全面建设社会主义现代化国家而团结奋斗——在中国共产党第二十次全国代表大会上的报告》，《人民日报》2022年10月26日第1版。

②《习近平在庆祝海南建省办经济特区30周年大会上发表重要讲话强调 党中央支持海南全面深化改革开放 争创新时代中国特色社会主义生动范例》，《人民日报》2018年4月14日第1版。

对外开放、合作共赢；既坚持社会主义制度，又坚持社会主义市场经济改革方向；既摸着石头过河，又加强顶层设计，不断研究新情况、解决新问题、总结新经验，成功开辟出一条中国特色社会主义道路。40多年来，党领导中国人民勇于自我革命、自我革新，不断革除阻碍发展的各方面体制机制弊端，中国特色社会主义制度不断完善。在改革开放过程中，实践创新与理论创新良性互动，形成和发展了中国特色社会主义道路、制度、理论和文化。改革开放为中国特色社会主义注入强大动力，推动中国特色社会主义不断开辟新境界。中国共产党运用高超的领导智慧，通过科学制定改革开放政策，坚持正确改革方法论，谨慎把握改革开放节奏，统筹发展和安全，正确处理改革发展稳定的关系，正确处理改革开放和坚持发展中国特色社会主义的关系，使得中国特色社会主义与改革开放形成了良性互动。改革开放因中国特色社会主义而坚持正确方向、服务党和国家事业发展大局，中国特色社会主义因改革开放更加具有生机活力、不断开辟新境界。

党的十八大以来，以习近平同志为核心的党中央对全面深化改革做出一系列重大战略部署，蹄疾步稳地推进全面深化改革，坚决破除各方面体制机制弊端，推出多项改革举措，重要领域和关键环节改革取得突破性进展，主要领域改革主体框架基本确立，全面深化改革取得重大突破。实践证明，加强党对全面深化改革的集中统一领导，是艰巨复杂的改革工作得以顺利进行的根本政治保证。党的十九大明确提出“坚持党对一切工作的领导”①，并将其作为新时代坚持和发展中国特色社会主义的一条基本方略。党政军民学、东西南北中，党是领导一切的。把全面深化改革进行到底，必须坚持党的领导，充分发挥党总揽全局、协调各方的领导核心作用。坚持党的领导，就必须坚定

① 习近平:《决胜全面建成小康社会 夺取新时代中国特色社会主义伟大胜利——在中国共产党第十九次全国代表大会上的报告》，人民出版社2017年版，第20页。

不移全面从严治党，不断增强党领导改革创新的本领，继续提高党把方向、谋大局、定政策、促改革的能力和定力，继续提高党的领导能力和执政水平，确保改革开放始终沿着正确方向前进。

二、坚持全面深化改革的总目标不能变

2012年11月，党的十八大做出全面深化改革的部署，强调必须以更大的政治勇气和智慧，不失时机深化重要领域改革，坚决破除一切妨碍科学发展的思想观念和体制机制弊端，构建系统完备、科学规范、运行有效的制度体系，使各方面制度更加成熟、更加定型。以习近平同志为核心的党中央认为，要完成党的十八大提出的各项战略目标和工作部署，必须抓紧推进全面改革，并把全面深化改革作为十八届三中全会的主要议题。在此背景下，2013年11月召开的十八届三中全会，通过了《中共中央关于全面深化改革若干重大问题的决定》，对全面深化改革做出全面部署，明确提出了全面深化改革总目标是：完善和发展中国特色社会主义制度，推进国家治理体系和治理能力现代化。全面深化改革总目标的提出在党的历史上还是第一次，是党在新时代的重大理论创新。

关于全面深化改革的总目标，习近平深刻指出，全面深化改革总目标，是两句话组成的一个整体，即完善和发展中国特色社会主义制度、推进国家治理体系和治理能力现代化。前一句规定了根本方向，我们的方向就是中国特色社会主义道路，而不是其他什么道路。后一句规定了在根本方向指引下完善和发展中国特色社会主义制度的鲜明指向。两句话都讲，才是完整的。①改革是在中国特色社会主义道路

①《习近平在庆祝全国人民代表大会成立60周年大会上发表重要讲话强调 毫不动摇坚持和完善人民代表大会制度 坚持走中国特色社会主义政治发展道路》,《人民日报》2014年9月6日第1版。

上不断前进的改革，既不走封闭僵化的老路，也不走改旗易帜的邪路。一些敌对势力和别有用心的人在那里摇旗呐喊、制造舆论、混淆视听，把改革定义为往西方政治制度的方向上改，否则就是不改革。他们是“醉翁之意不在酒”，对此我们必须洞若观火，保持警惕。在全面深化改革过程中，我们必须立场坚定、目标明确，无论怎么改，在坚持走中国特色社会主义道路这个根本性问题上都“不能动、不能变”。

推进国家治理体系和治理能力现代化，必须坚持从中国的实际出发。推进国家治理体系和治理能力现代化，是指要适应时代变化，不断改革不适应实践发展要求的体制机制，在创新中使各方面体制机制更加科学、更加完善。从总体上看，我国国家治理体系和治理能力是好的，具有独特优势，适应国情和发展要求，同时也还有许多需要改进的地方。完善国家治理体系、提高国家治理能力，要从中国实际出发。正如习近平所说，一个国家选择什么样的治理体系，是由这个国家的历史传承、文化传统、经济社会发展水平决定的，是由这个国家的人民决定的。我国今天的国家治理体系，是在我国历史传承、文化传统、经济社会发展的基础上长期发展、渐进改进、内生性演化的结果。我国国家治理体系需要改进和完善，但怎么改、怎么完善，我们要有主张、有定力。[①]如果不顾国情照抄照搬别人的制度模式，就会画虎不成反类犬，不仅不能解决任何实际问题，而且还会因水土不服造成严重后果。

坚持目标导向，是中国改革不断走向成功的一条重要历史经验。1992年党的十四大，明确提出了经济体制改革的目标是建立社会主义市场经济体制。2013年党的十八届三中全会，明确提出了全面深

---

① 习近平:《习近平谈治国理政》第1卷，外文出版社2018年版，第105页。

化改革总目标。2014年党的十八届四中全会，明确提出了全面依法治国总目标。目标决定方向。目标定了，大家才能明确奋斗的方向。正是因为我们在改革开放过程中，不断提出新的目标，改革才能压茬推进，不断推动中国取得巨大进步。党的十九大明确提出，到2035年基本实现国家治理体系和治理能力现代化，到本世纪中叶实现国家治理体系和治理能力现代化。党的二十大进一步提出，全面建成社会主义现代化强国，总的战略安排是分两步走：从二〇二〇年到二〇三五年基本实现社会主义现代化；从二〇三五年到本世纪中叶把我国建成富强民主文明和谐美丽的社会主义现代化强国。[①]在全面建成社会主义现代化强国“两步走”战略里面，自然包括治理体系和治理能力的现代化。这是党为不断提高运用中国特色社会主义制度有效治理国家的能力做出的重要战略安排，进一步明确了实现全面深化改革总目标的时间节点和方法路径，必将起到强大导向作用。

三、坚持以人民为中心的改革价值取向不能变

以人民为中心的发展思想是习近平新时代中国特色社会主义思想的重要内容；坚持以人民为中心，是新时代坚持和发展中国特色社会主义的基本方略之一。人民是历史的创造者，是决定党和国家前途命运的根本力量。全党必须坚持人民主体地位，坚持立党为公、执政为民，践行全心全意为人民服务的根本宗旨，把党的群众路线贯穿到治国理政的全部活动之中，依靠人民创造历史伟业。坚持以人民为中心的改革价值取向不能变，是贯彻落实包括以人民为中心的发展思想在内的习近平新时代中国特色社会主义思想的应有之义。

① 习近平：《高举中国特色社会主义伟大旗帜 为全面建设社会主义现代化国家而团结奋斗——在中国共产党第二十次全国代表大会上的报告》，《人民日报》2022年10月26日第1版。

坚持以人民为中心的改革价值取向不能变，是因为中国共产党的根本政治立场是人民立场。人民立场体现了马克思主义唯物史观，体现了对人民创造历史的地位和作用的深刻认识，体现了对人类社会发展规律的科学把握，体现了对保持党的先进性纯洁性的坚定追求，是马克思主义政党区别于其他政党的显著标志。[①]习近平指出，必须牢记我们的共和国是中华人民共和国，始终要把人民放在心中最高的位置，始终全心全意为人民服务，始终为人民利益和幸福而努力工作。[②]党的一切工作必须以最广大人民根本利益为最高标准。[③]

坚持以人民为中心的改革价值取向不能变，是中国共产党人的初心使命使然。党的十九大指出，不忘初心，方得始终。中国共产党人的初心和使命，就是为中国人民谋幸福，为中华民族谋复兴。这个初心和使命是激励中国共产党人不断前进的根本动力。一定要永远与人民同呼吸、共命运、心连心，永远把人民对美好生活的向往作为奋斗目标。进入新时代，做到不忘初心、担负使命，必须统揽伟大斗争、伟大工程、伟大事业、伟大梦想；必须永远把人民对美好生活的向往作为奋斗目标；必须把以人民为中心的发展思想体现到经济社会发展各个环节中。党的二十大更加强调全党同志务必不忘初心、牢记使命，强调必须坚持人民至上。[④]

坚持以人民为中心的改革价值取向不能变，就是要通过改革给人

---

① 中共中央宣传部：《习近平新时代中国特色社会主义思想三十讲》，学习出版社2018年版，第87页。

②《十三届全国人大一次会议在京闭幕 习近平发表重要讲话》，《人民日报》2018年3月21日第1版。

③ 中共中央党史和文献研究院：《十九大以来重要文献选编》（上），中央文献出版社2019年版，第35页。

④ 习近平：《高举中国特色社会主义伟大旗帜 为全面建设社会主义现代化国家而团结奋斗——在中国共产党第二十次全国代表大会上的报告》，《人民日报》2022年10月26日第1版。

民群众带来更多获得感，解决改革“为了谁”的问题。一方面，要在改革理念上体现以人民为中心的改革价值取向。习近平指出，改革既要往有利于增添发展新动力方向前进，也要往有利于维护社会公平正义方向前进，做到老百姓关心什么、期盼什么，改革就要抓住什么、推进什么，通过改革给人民群众带来更多获得感[①]。另一方面，要在改革举措上体现以人民为中心的改革价值取向。习近平指出，要总结经验、完善思路、突出重点，提高改革整体效能，扩大改革受益面，发挥好改革先导性作用，多推有利于增添经济发展动力的改革，多推有利于促进社会公平正义的改革，多推有利于增强人民群众获得感的改革，多推有利于调动广大干部群众积极性的改革。党的十八大以来，调整生育政策、农村承包地“三权”分置、司法责任制等一系列改革政策的出台，使得老百姓切实感受到了改革举措的含金量。

坚持以人民为中心的改革价值取向不能变，必须尊重人民群众的首创精神。习近平指出，改革开放在认识和实践上的每一次突破和发展，改革开放中每一个新生事物的产生和发展，改革开放每一个方面经验的创造和积累，无不来自亿万人民的实践和智慧。[②]面对新时代全面深化改革的新任务，必须把人民群众的实践创造作为源头活水，及时发现、总结、概括人民群众创造出来的新鲜经验，善于从人民的实践创造和发展要求中完善政策主张，使改革成果更多更公平惠及全体人民，不断为全面深化改革夯实群众基础。

坚持以人民为中心的改革价值取向，必须坚持由人民群众评判，把让人民群众满意作为检验改革工作的第一标准。以什么为标准、用什么来衡量，实质上是一个对谁负责、让谁满意的问题。中国共产党

① 习近平:《习近平谈治国理政》第2卷，外文出版社2017年版，第103页。

② 中共中央文献研究室:《习近平关于全面深化改革论述摘编》，中央文献出版社2014年版，第138页。

代表全国最广大人民的根本利益，必然要求一切工作的成败得失由人民群众来检验和评判。习近平强调，要把是否促进经济社会发展、是否给人民群众带来实实在在的获得感，作为改革成效的评价标准。改革让人民群众满意认可，就要切实做到“人民有所呼、改革有所应”[①]。

“三个不能变”的改革原则，涉及改革的政治保证、目标方向、价值取向，不仅明确了中国共产党是确保改革开放走向成功的领导力量，明确了中国改革开放的根本方向和努力目标，而且从党的根本宗旨和执政理念的高度指明了改革的价值取向，是确保新时代把全面深化改革进行到底的基本遵循。在新时代全面深化改革的征程中，我们必须牢牢坚持“三个不能变”的原则，使改革更加精准对接发展所需、基层所盼、民心所向，推动全面深化改革落地生根，不断增强群众的获得感、幸福感、安全感，助力中华民族伟大复兴的中国梦如期实现。

① 习近平:《习近平谈治国理政》第2卷，外文出版社2017年版，第103页。

改革开放是党的一次伟大觉醒

改革开放是决定当代中国命运的关键一招，也是决定实现“两个一百年”奋斗目标、实现中华民族伟大复兴的关键一招。党的十八大以来，习近平总书记高度重视改革开放并多次指出，改革开放是我们党的一次伟大觉醒，正是这个伟大觉醒孕育了我们党从理论到实践的伟大创造[①]。党的十九届六中全会审议通过的《中共中央关于党的百年奋斗重大成就和历史经验的决议》，重申了习近平总书记在庆祝改革开放40周年大会上的讲话精神，再次强调“改革开放是党的一次伟大觉醒”。对这一重大论断，可从以下几个方面来理解和把握。

一、改革开放体现了党对前途命运的深刻把握，让我们明确了前进方向

中国共产党做出实行改革开放的历史性决策，是基于对党和国家前途命运的深刻把握。1976年10月，中共中央政治局执行党和人民的意志，毅然粉碎了“四人帮”，结束了“文化大革命”这场内乱。“十年内乱”，给党、国家和人民带来严重挫折和损失。政治上，党和国家政治生活遭到巨大破坏，党的组织和政权机构受到空前浩劫。党和国家的大批领导干部被打倒，遭迫害。据中央组织部统计，“文化大革命”期间全国被立案“审查”的干部共230万人，占“文化大

① 习近平:《论坚持全面深化改革》，中央文献出版社2018年版，第502页。

革命”前1200万干部的19.2%，酿成大量冤假错案。经济上，经济发展受到严重损失，正常的生产秩序和经营活动很难维持，短缺经济态势明显，损失超过5000亿人民币。思想上，由于“左”的错误理论的影响，人们思想极大混乱，严重混淆敌我和是非。文化上，我国教育科学文化事业和中华传统文化遭到极大破坏，教育出现断层，社会风气明显不如以前，道德水准大幅下降，文化事业出现严重倒退。这种背景下，迫切需要解放思想，摆脱陈旧观念，确立正确的政治路线、思想路线和组织路线，否则党和国家事业就可能会被葬送。正如邓小平指出的，只有解放思想，坚持实事求是，一切从实际出发，理论联系实际，我们的社会主义现代化建设才能顺利进行，我们党的马列主义、毛泽东思想的理论也才能顺利发展。[①]

但面临国内外复杂局势，部分领导人依然推行“两个凡是”，坚持以阶级斗争为纲。这样，不可能解决既要纠正“文化大革命”的错误，又要维护毛泽东的历史地位和毛泽东思想作为党的指导思想的地位这样重大而复杂的问题。因此，“文化大革命”结束后两年间，党和国家的工作在总体上处于徘徊中前进的局面。广大干部群众纷纷要求改变这一局面，并在邓小平等一批老同志的带动和引导下，向“两个凡是”禁区发起冲击。时任中央党校副校长的胡耀邦组织中央党校刊物《理论动态》于1978年5月10日发表《实践是检验真理的唯一标准》一文，5月11日，《光明日报》以“本报特约评论员”的署名形式公开发表此文。5月12日，《人民日报》、新华社全文转发。文章的观点与“两个凡是”针锋相对，因而立即引起关于真理标准问题的热烈讨论。但由于“两个凡是”的影响相当大，该文观点受到一些领导人的严厉责难。在讨论面临巨大压力的关键时刻，邓小平、叶剑英、陈云等一批老同

① 邓小平：《邓小平文选》第2卷，人民出版社1994年版，第143页。

志都支持这场讨论，从而使这场讨论迅速发展成党内和社会各界广泛参与的思想解放运动，为打破“两个凡是”的思想禁锢、重新确立实事求是的指导方针、实现历史转折，做了思想和舆论上的准备。这个阶段，还开展了按劳分配问题、社会主义生产目的等问题的讨论，一步步打破了思想枷锁，使得社会思想观念逐渐跟上了丰富发展的实践。

在思想解放大潮涌动下，1978年12月，党的十一届三中全会在北京胜利召开。这次具有划时代意义的会议高度肯定真理标准问题的讨论，确定以经济建设为中心、实行改革开放的重大决策，为中国未来发展明确了新方向。

二、改革开放体现了党对历史经验的深刻总结，让我们成功开辟了新路

道路问题至关重要。中国共产党在革命时期付出鲜血的代价后才深刻认识到，教条主义要不得，必须从中国国情出发，独立自主走自己的革命道路。以毛泽东同志为主要代表的中国共产党人坚持实事求是，把马克思主义基本原理同中国具体实际相结合，闯出了一条农村包围城市、武装夺取政权的正确革命道路，取得新民主主义革命的伟大胜利，建立了中华人民共和国，开辟了中国历史新纪元。完成社会主义革命后，中国共产党在探索社会主义建设的过程中，尝试将马克思主义基本原理同中国实际进行第二次结合，并提出以苏为鉴、走自己的路的重大命题。但在党的指导思想发生偏差后，探索过程异常艰难，历经曲折，没有成功找到发展中国的新路。

“文化大革命”结束后，中国面临三种道路的抉择。一是按照“两个凡是”的思路抓纲治国。这样，不仅无法否定“文化大革命”，而且势必延续“文化大革命”的错误做法，建设社会主义现代化强国的目标也就无法实现。二是走改旗易帜的邪路。那时，一些别有用心的

人企图利用毛泽东的晚年错误，全盘否定毛泽东、否定中国共产党，同西方国家所谓“非毛化”相呼应，企图把中国引向资本主义，实行资产阶级自由化。三是以解放思想、实事求是为指导，认真总结新中国成立以来社会主义建设的得失成败，彻底纠正“文化大革命”及其以前的错误，批评毛泽东的晚年错误，回到毛泽东思想的正确轨道，开辟一条符合中国国情的社会主义建设新路。

以邓小平同志为主要代表的中国共产党人坚持马克思主义立场观点方法，系统总结新中国成立以来正反两方面的经验，认为既不能回到“文化大革命”以前的老路去，也绝不能走全盘西化的邪路，而是要继续探索适合中国国情的社会主义建设新路。正是在改革开放的伟大历史进程中，我们找到了一心一意建设社会主义现代化的新路。这条路就是邓小平在党的十二大开幕词中提出的“建设有中国特色的社会主义”，也就是我们今天所说的中国特色社会主义道路。正是在改革开放的历史进程中，中国共产党人成功开辟出一条中国式现代化道路，创造了人类文明新形态。

三、改革开放体现了党对历史大势的深刻洞察，让我们赶上了时代

时代大潮，浩浩荡荡，不可阻挡。虽有智慧，不如乘势。大国前行，大党发展，必须顺应历史发展大势，适应时代发展潮流。从外部环境看，20世纪70年代世界范围内蓬勃兴起的新科技革命推动世界经济以更快的速度向前发展，全球化潮流方兴未艾。但由于我国的发展存在诸多困难，经济实力、科技实力与国际先进水平的差距明显拉大。以人均GDP为例，“文化大革命”之前的1965年，美国人均GDP是中国的41倍；法国、联邦德国、英国分别是中国的22倍、21倍、20倍；日本、巴西分别是中国的11倍、2.6倍。经历“十年内乱”后，

1978年，美国人均GDP是9687美元，中国只有127美元，美国是中国的76倍；联邦德国人均GDP是10419美元，是中国的82倍；日本人均GDP是8476美元，是中国的66.7倍；法国、巴西分别是中国的69倍、13倍，差距显著拉大。[①]

党和国家领导人通过出访和到国外实地考察，切身感受到了中西间的巨大差距。1978年5月至6月，时任国务院副总理的谷牧同志率中国政府代表团前往法国、联邦德国等西欧五国访问，就切身感受到了中国和西方发达国家的差距。6月30日，谷牧同志将考察情况向中央进行汇报。汇报会持续8个小时，与会领导讨论十分激烈，不少领导同志强调要抓住机遇、引进外资、加快发展。10月，邓小平到日本访问，在参观完日产汽车公司之后，他有感而发说知道什么叫现代化了。他在接见外宾时还说，最近我们的同志出去看了一下，越看越感到我们落后。什么叫现代化？五十年代一个样，六十年代不一样了，七十年代就更不一样了。他还鲜明指出，六十年代前期我们同国际上科学技术水平有差距，但不很大，而这十几年来，世界有了突飞猛进的发展，差距就拉得很大了。同发达国家相比较，经济上的差距不止是十年了，可能是二十年、三十年，有的方面甚至可能是五十年。[②]面对如此巨大的国际压力、不进则退的国际竞争环境，如果再不实行改革，中国的现代化事业和社会主义事业就会被葬送。说到底，中国改革的重要目的就是为了跟上时代。

十一届三中全会后，我们毅然拉开改革开放大幕，开拓创新、锐意进取，创办经济特区、开放沿海港口城市，推动农村改革、国企改革等一系列改革，积极发挥市场作用，推动经济社会快速发展。从1979年到2012年，中国经济增速年均高达9.9%。中国GDP总量在

① 刘国平：《中国经济与世界经济发展的比较》，湖南人民出版社2000年版，第182页。

② 邓小平：《邓小平文选》第2卷，人民出版社1994年版，第132页。

2010年跃居世界第二，科技实力、经济实力、综合国力显著提升。经过艰苦卓绝的努力，中国大踏步赶上了时代。新时代十年，我们的经济增速平均达6.2%，如此速度在大型经济体中是很难见到的。

四、改革开放体现了党对人民期盼的深刻体悟，让我们顺应了人民意愿

自创建起，中国共产党就把为中国人民谋幸福、为中华民族谋复兴作为初心使命，矢志不渝为之奋斗。在党的坚强领导下，我们夺取新民主主义革命的胜利，中国人民从此站起来了。新中国成立后，我们致力于让人民的生活好起来，为此付出了巨大努力，取得了伟大成就。但也要看到，“十年内乱”使人民生活水平基本上没有提高，有些方面甚至有所下降，吃、穿、住、用、行面临不同程度的困难。“文化大革命”结束后，人们特别希望安定团结、过上好日子。1978年9月13日至17日，邓小平到东北等地考察工作。其间，他鲜明地指出，要一心一意搞建设。国家这么大，这么穷，不努力发展生产，日子怎么过？我们人民的生活如此困难，怎么体现出社会主义的优越性？[①]在1978年12月10日的中央工作会议上，陈云在东北组发言时指出，建国快三十年了，现在还有讨饭的……老是不解决这个问题，恐怕农民就会造反，支部书记会带队进城要饭。[②]

在这种情况下，党中央投入极大精力，恢复和发展国民经济，提高部分国有企业职工工资，提高农产品收购价格，力求满足人民日益增长的物质文化需要。但要解决社会主要矛盾的主要方面，就必须大力发展社会生产力。邓小平多次鲜明强调中国面临的迫切任务是发展生产力，从而率先提出把党和国家的工作重点转移到社会主义现代化

① 邓小平:《邓小平文选》第3卷，人民出版社1993年版，第10页。

② 陈云:《陈云文选》第3卷，人民出版社1995年版，第236页。

建设上的重要建议。他的这一想法，得到当时其他中央政治局常委的认同。工作重点转移也成为1978年中央工作会议代表讨论的中心议题，进而转化为党的十一届三中全会的重大决策。全会结束后，随着工作重点的转移，农村改革渐渐推广开来。家庭联产承包责任制的推行极大调动了农民的积极性，加上以往农村基础水利设施的修建、良种培育取得突破以及化肥的推广使用，1984年中国粮食产量超过8000亿斤，人均达到781斤。困扰党和国家多年的农民温饱问题逐步得到解决。随着改革开放的推进，我国人民生活水平不断提升。随着商业大潮的兴起，商品越来越丰富，流通多年的各种粮油布票也于20世纪90年代初逐渐远离人们的视线，退出了历史舞台。

民之所忧，我必念之；民之所盼，我必行之。中国共产党人正因为能够深刻认识到人民的伟力，才在改革开放过程中牢牢坚持人民至上，致力于为人民谋幸福。我国改革开放的价值取向就是为了顺应人民意愿、提升人民福祉。在改革开放中，我们注意发挥政府作用，采取系列政策努力缩小区域差距、城乡差距、行业差距，防止贫富分化，让老百姓共享改革开放的红利。应该说，我们在改革开放中形成的邓小平理论、“三个代表”重要思想、科学发展观和习近平新时代中国特色社会主义思想，都带有鲜明的人民性，都是人民的理论，也是为人民的理论。

历史和实践证明，改革开放是当代中国发展进步的活力之源，是党和人民大踏步赶上时代前进步伐的重要法宝，是坚持和发展中国特色社会主义的必由之路。40多年前，中国共产党做出改革开放的决策，不仅深刻改变了中国，也深刻改变了世界。改革开放既是一项战略性、历史性决策，生动体现了我们党深刻把握历史规律、保持历史主动的高超政治智慧；也是一场伟大的社会革命，是一项长期的、艰巨的、繁重的事业，必须一代又一代人接力干下去。

改革开放是决定实现中华民族伟大复兴的关键一招

1978年12月召开的党的十一届三中全会，做出了实行改革开放的历史性决策。这不仅深刻改变了中国，也影响了整个世界。40多年来，中国共产党始终坚持改革开放不动摇，推动中国经济社会发展取得令世界瞩目的奇迹，中华民族迎来了从站起来、富起来到强起来的伟大飞跃。习近平指出，改革开放是党和人民大踏步赶上时代的重要法宝，是坚持和发展中国特色社会主义的必由之路，是决定当代中国命运的关键一招，也是决定实现“两个一百年”奋斗目标、实现中华民族伟大复兴的关键一招。[①]

一、改革开放为实现中华民族伟大复兴锻造了核心领导力量

在当代中国，解决中国所有的问题，关键在中国共产党。中国共产党领导是中国特色社会主义的最本质特征，是中国特色社会主义制度的最大优势。中国共产党是中国特色社会主义事业的核心领导力量，是党和国家事业发展的定海神针。党的十九届六中全会审议通过的《中共中央关于党的百年奋斗重大成就和历史经验的决议》指出，党的领导是党和国家的根本所在、命脉所在，是全国各族人民的利益

① 习近平:《论坚持全面深化改革》，中央文献出版社2018年版，第512—513页。

所系、命运所系。[①]历史和实践都表明，没有共产党就没有新中国，就没有中国特色社会主义，就没有中华民族伟大复兴。

改革开放是中国共产党的一次伟大觉醒。正是这个伟大觉醒孕育了我们党从理论到实践的伟大创造。[②]这一伟大觉醒，是基于对党和国家前途命运的深刻把握，是基于对社会主义革命和建设实践的深刻总结，是基于对时代潮流的深刻洞察，是基于对人民群众期盼和需要的深刻体悟。这一伟大觉醒的标志是中国共产党召开十一届三中全会，把党和国家工作着重点转移到社会主义现代化建设上来，实现了从墨守成规到全面改革、从封闭到开放的历史性转变，中国自此进入改革开放和社会主义现代化建设的历史新时期。这一伟大觉醒的核心在于搞清楚什么是社会主义、怎样建设社会主义，围绕这一重大时代课题中国共产党人进行艰苦理论创新，形成了邓小平理论、“三个代表”重要思想、科学发展观，创立了习近平新时代中国特色社会主义思想。这一伟大觉醒的实践成果深刻改变了中国，使得中国大踏步赶上了时代，在富起来、强起来的征程上迈出了决定性步伐。

中国共产党的发展和改革开放的实施同向共进。改革开放在党的领导下不断推进、日益深化，党在改革开放过程中不断发展壮大，成为世界上第一大马克思主义政党，在世界上的影响力也越来越大。既要提高中国共产党领导改革开放的执政本领，确保改革开放事业沿着正确的方向不断前进，进而提升国家综合国力，还要始终加强自身建设，从严管党治党，以经受住改革开放的新考验，确保党的执政地位安全稳固。1979年3月，邓小平在全国理论工作务虚会上发表了《坚持四项基本原则》的重要讲话，为改革开放划定了底线、红线。这一

①《中共中央关于党的百年奋斗重大成就和历史经验的决议》，人民出版社2021年版，第27页。

② 习近平:《论坚持全面深化改革》，中央文献出版社2018年版，第502页。

重要讲话鲜明表达了中国共产党人的底线思维特点，也即改革开放必须坚持正确方向，必须坚持正确道路，必须坚持有利于中国社会主义事业，从而长期保证改革开放在正确轨道上。针对一段时期在方向性问题上存在犹豫摇摆，1992年初邓小平在南方考察时鲜明指出，基本路线要管一百年，动摇不得[①]，坚定了全党长期坚持四项基本原则的决心。对于原来在相对封闭环境中执政的中国共产党来说，改革开放无疑是一场大考。1982年4月，邓小平指出，我们自从实行对外开放和对内搞活经济两个方面的政策以来，不过一两年时间，就有相当多的干部被腐蚀了。卷进经济犯罪活动的人不是小量的，而是大量的。犯罪的严重情况，不是过去“三反”、“五反”那个时候能比的。那个时候，贪污一千元以上的是“小老虎”，一万元以上的是“大老虎”，现在一抓就往往是很大的“老虎”……现在的大案子很多，性质都很恶劣，贪污的或者损害国家利益的，都不止是什么“万字号”。[②]他告诫全党，如果不坚决刹住这股风，党和国家就可能发生“改变面貌”的问题。同时，改革开放还给党的执政能力和领导水平等方面带来了压力。原来熟悉的管理方式、治理手段，在新的环境下新的问题面前不再那么灵光了。市场经济大潮对领导干部的诱惑比以往大多了。20世纪80年代末，邓小平还强调，我们要反对腐败，搞廉洁政治。不是搞一天两天、一月两月，整个改革开放过程中都要反对腐败。[③]因此，改革开放以来，中国共产党不断推进党的建设新的伟大工程，努力提高党的建设科学化水平，坚持从严管党治党，以始终保证党的先进性和纯洁性。可以说，改革开放既考验了党的领导水平，也锻造提升了党的执政能力。中国共产党用实际行动证明自己能

---

① 邓小平:《邓小平文选》第3卷，人民出版社1993年版，第370—371页。

② 邓小平:《邓小平文选》第2卷，人民出版社1994年版，第402页。

③ 邓小平:《邓小平文选》第3卷，人民出版社1993年版，第327页。

够经受住改革开放的严峻考验，不断地发展壮大为具有全球重要影响力的世界第一大马克思主义执政党。

二、改革开放为实现中华民族伟大复兴开辟了正确道路

道路问题关乎事业兴衰。对于一个政党、一个国家来说，找到一条正确的发展道路极其不易。2012年11月，在中国国家博物馆参观复兴之路展览时，习近平深刻指出，改革开放以来，我们总结历史经验，不断艰辛探索，终于找到了实现中华民族伟大复兴的正确道路，取得了举世瞩目的成果。这条道路就是中国特色社会主义。[①]

改革开放以来全部理论和实践的主题是坚持和发展中国特色社会主义。邓小平在党的十二大开幕式上提出了“建设有中国特色的社会主义”这一重大理论命题。它既是我们党对改革开放初期新鲜经验的深刻总结，也高度概括了中国共产党人理论创新和实践创造的主题。此后，从党的十三大报告到二十大报告的标题，无论长短都带有“中国特色社会主义”八个大字；党的理论创新、实践创造都是围绕中国特色社会主义进行，党的理论创新也都是在回答如何坚持和发展中国特色社会主义的历史进程；党的实践创造也是从中国实际出发，不断丰富和充实中国特色社会主义的内容。

在改革开放中中国特色社会主义道路得以成功开拓。中国特色社会主义是我们党在改革开放的历史进程中，深刻总结新中国成立以来正反两方面经验的基础上，借鉴世界各国发展经验，立足中国实际，逐渐开创并不断拓展的。党的十一届三中全会后，中国共产党对“文化大革命”造成的灾难性后果、对中国发展的落后、对国际形势，进行了全面而深刻的反思，最集中的一个问题是“什么是社会主义，怎

① 转引自《人民日报》:《踏上新征程，向着新的奋斗目标，出发!》，新华网，2022年11月8日。

样建设社会主义”。邓小平曾鲜明地指出，只有解放思想，坚持实事求是，一切从实际出发，理论联系实际，我们的社会主义现代化建设才能顺利进行，我们党的马列主义、毛泽东思想的理论也才能顺利发展。改革开放以来，正是我们始终坚持解放思想，敢闯敢试，才冲破了姓“社”姓“资”、姓“公”姓“私”等诸多观念束缚，成功开辟、捍卫和拓展中国特色社会主义道路。

中国特色社会主义立足中国国情，体现中华文明，符合中国人民意愿，是中国经济社会持续发展的康庄大道。这条道路不仅是在改革开放过程中开辟的，也是在改革开放中渐渐拓展的，经受住了改革开放、市场经济等多种考验。道路找对了，就要长期坚持下去，而不能因为风吹草动就动辄改变方向。40多年改革开放的实践表明，中国特色社会主义是实现中华民族伟大复兴的必由之路。我们必须坚定中国特色社会主义道路自信，义无反顾、一往无前地坚持中国特色社会主义。只有坚持这样的被伟大实践检验过且证明为正确的道路，才能实现中华民族伟大复兴的宏伟目标。也正如习近平所说的“实现中国梦必须走中国道路”[①]。

三、改革开放为实现中华民族伟大复兴夯实了物质基础

马克思主义认为，经济基础决定上层建筑。没有强大的经济实力和稳定的社会局势，实现中华民族伟大复兴就会成为一句空话。近代中国遭受帝国主义列强的压迫剥削达一个世纪之久，其中一个重要原因就是封建专制政治腐败导致生产力发展水平长期落后。振兴中华成为近代以来我国志士仁人的不懈追求，实现中华民族伟大复兴也日益成为近代以来中华民族最伟大的梦想。要改变中国落后挨打的命

① 习近平:《习近平谈治国理政》第1卷，外文出版社2018年版，第39页。

运，就需要先进的政党领导和科学的思想引领。在马克思主义传播过程中，中国共产党应运而生，中华民族的面貌焕然一新。此后，中国共产党在革命、建设、改革的实践中不断积累经验，逐渐认识到建设社会主义必须以社会生产力发展为中心，而改革开放恰恰通过变革旧体制、建构新机制、推动决策科学化等为经济社会发展注入了强大活力。

改革开放40多年来，党和国家事业的一个鲜明特点就是快速发展。其中，自1979年至2012年，中国经济年均增长率达9.9%，比同期世界经济年均增长率高7.0个百分点。[①]进入中国特色社会主义新时代，在世情国情复杂深刻变化的条件下，在百年变局和世纪疫情交织的背景下，中国通过全面深化改革开放依然保持中高速增长，从2013年至2022年经济年均增长率为6.2%。这两段时期的接续发展，使得中国逐渐摆脱了生产力落后的状况，迅速积累起大量物质财富。中国于2010年成为世界第二大经济体，2022年GDP总量突破120万亿人民币大关，在世界经济总量中占比超过18%。随着物质财富的不断积累，我国人民的生活水平从解决温饱到实现小康，于2020年历史性消灭了农村绝对贫困，恩格尔系数降到了30%以下，人均预期寿命接近78岁，正在向全面现代化进发。

社会保持稳定也是改革开放以来中国发展的显著优势。改革开放以来，我们党牢牢站稳人民立场，始终坚持以人民为中心，科学统筹改革、发展、稳定三者之间的关系，既通过改革破旧立新、守正创新为发展注入强大动力，又注重社会稳定，一度还强调稳定压倒一切，通过建立健全社会保障体系，不断健全社会治理体制机制，实施严打以及扫黑除恶专项斗争等，确保社会大局长期保持稳定。对于一个拥

① 中共中央宣传部:《习近平新时代中国特色社会主义思想学习问答》，学习出版社、人民出版社2021年版，第136页。

有十几亿人口的发展中大国，能够在快速发展的同时保持社会面基本稳定，成为世界上最有安全感的国家之一，确实创造了世界发展史上的中国奇迹。

同时，我们的民主政治建设、文化建设等各领域也都取得了巨大成就，使得中华民族伟大复兴迎来了光明前景。而这一切都是在改革开放的历史进程中取得的。历史和实践已经证明，没有改革开放，就没有我国的经济社会发展，就没有中华民族伟大复兴。

四、改革开放为实现中华民族伟大复兴提供了制度保证

道路决定命运，制度关乎兴衰。古今中外，国家的发展以及国家间竞争的一个关键就是制度。战国时期的秦国，之所以能灭掉六国、一统河山，就是因为建立了一整套比较先进的治理体系，影响中国治理至今。近代以来，英国等资本主义国家的迅速崛起，也与其建立了比封建制度更为先进的治理体系密切相关。纵览世界，大国竞争的很多因素也都与制度紧密相连，美国的国家治理体系一度是世界上最能激发创新、吸引人才的，因而成为世界强国。中国自近代后开始注意制度变革，并于20世纪中叶选择了走社会主义道路，经由社会主义改造和实行计划经济基本确立了社会主义制度，为今后走向国家富强奠定了制度基础。

在改革开放中，中国特色社会主义制度逐渐形成。邓小平在1980年就指出，领导制度、组织制度问题更带有根本性、全局性、稳定性和长期性。这种制度问题，关系到党和国家是否改变颜色，必须引起全党的高度重视。[1]在邓小平等中央领导的推动下，20世纪80年代中国进行了政治体制改革、经济体制改革以及文化体制改革等，

① 邓小平：《邓小平文选》第2卷，人民出版社1994年版，第333页。

使得国家治理体系更加健全。进入20世纪90年代，通过建立社会主义市场经济体制，落实依法治国基本方略，我国的国家治理体系更具活力。1992年初，邓小平发表南方谈话时提出，再有30年的时间，我们才会在各方面形成一整套更加成熟、更加定型的制度。进入新世纪新阶段，顺应中国加入世界贸易组织的要求，相应来说，也对各种体制机制进行了调整完善，尤其是完善了社会主义市场经济体制，以公有制为主体、多种所有制经济共同发展，以按劳分配为主体、多种分配方式并存的经济制度也逐渐健全。同时，民主、法治、文化、社会等领域的制度建设也在持续进行。经过党的十七大、党的十八大总结改革开放以来的制度建设经验，对中国特色社会主义制度进行了科学阐释，即“人民代表大会制度的根本政治制度，中国共产党领导的多党合作和政治协商制度、民族区域自治制度以及基层群众自治制度等基本政治制度，中国特色社会主义法律体系，公有制为主体、多种所有制经济共同发展的基本经济制度，以及建立在这些制度基础上的经济体制、政治体制、文化体制、社会体制等各项具体制度”①。

进入中国特色社会主义新时代，以习近平同志为核心的党中央把制度建设摆在更加突出的位置。习近平站在历史和战略的高度指出，今天，我们党处在这样的历史方位上，摆在我们面前的一项重大历史任务，就是推动中国特色社会主义制度更加成熟更加定型。可以这么说，从形成更加成熟更加定型的制度看，我国社会主义实践的前半程已经走过了，前半程我们的主要历史任务是建立社会主义基本制度，并在这个基础上进行改革，现在已经有了很好的基础。后半程，我们的主要历史任务是完善和发展中国特色社会主义制度，为党和国家事业发展、为人民幸福安康、为社会和谐稳定、为国家长治久安提供一

---

①《中国共产党第十八次全国代表大会文件汇编》，人民出版社2012年版，第11—12页。

整套更完备、更稳定、更管用的制度体系。[①]正是在这一战略思想指引下，2013年党的十八届三中全会明确全面深化改革总目标为“完善和发展中国特色社会主义制度，推进国家治理体系和治理能力现代化”。这是完善和发展中国特色社会主义制度的必然要求，是实现社会主义现代化的应有之义。2017年召开的党的十九大在十八届三中全会基础上，对制度建设做出了新部署，在14条基本方略之一的坚持全面深化改革这一条中强调，必须坚持和完善中国特色社会主义制度，不断推进国家治理体系和治理能力现代化，坚决破除一切不合时宜的思想观念和体制机制弊端，突破利益固化的藩篱，吸收人类文明有益成果，构建系统完备、科学规范、运行有效的制度体系。在分两个阶段建设现代化国家的安排中，党的十九大报告指出，第一个阶段从2020年到2035年是要“各方面制度更加完善，国家治理体系和治理能力现代化基本实现”；第二个阶段从2035年到本世纪中叶“实现国家治理体系和治理能力现代化”。2019年10月召开的党的十九届四中全会，在总结党的十八大以来制度建设的成效时指出，党的十八大以来，我们党领导人民统筹推进“五位一体”总体布局、协调推进“四个全面”战略布局，推动中国特色社会主义制度更加完善、国家治理体系和治理能力现代化水平明显提高，为政治稳定、经济发展、文化繁荣、民族团结、人民幸福、社会安宁、国家统一提供了有力保障。实践证明，中国特色社会主义制度和国家治理体系是以马克思主义为指导、植根中国大地、具有深厚中华文化根基、深得人民拥护的制度和治理体系，是具有强大生命力和巨大优越性的制度和治理体系，是能够持续推动拥有近十四亿人口大国进步和发展、确保拥有五千多年文明史的中华民族实现“两个一百年”奋斗目标进而实现伟

① 习近平:《论坚持全面深化改革》，中央文献出版社2018年版，第93—94页。

大复兴的制度和治理体系。全会对今后的制度建设做出总体擘画，不仅明确坚持和完善中国特色社会主义制度、推进国家治理体系和治理能力现代化的总体目标是，到我们党成立一百年时，在各方面制度更加成熟更加定型上取得明显成效；到二〇三五年，各方面制度更加完善，基本实现国家治理体系和治理能力现代化；到新中国成立一百年时，全面实现国家治理体系和治理能力现代化，使中国特色社会主义制度更加巩固、优越性充分展现；还在定位根本制度、基本制度、重要制度基础上从13个方面对今后的制度建设做出周密部署。2022年党的二十大不仅做出了全面建成社会主义现代化强国“两步走”战略的安排，还就2035年的目标予以具体化描述，为我们下一步的制度建设提供了根本遵循。

在新时代建立的中央全面深化改革领导小组（后改称为中央全面深化改革委员会），担负起推动制度建设的历史重任，每次小组会议或者委员会会议都对制度建设做出安排部署。2020年12月，中央全面深化改革委员会召开第十七次会议，习近平在会上发表重要讲话时指出，党的十八届三中全会以来，党中央以前所未有的决心和力度冲破思想观念的束缚，突破利益固化的藩篱，坚决破除各方面体制机制弊端，积极应对外部环境变化带来的风险挑战，开启了气势如虹、波澜壮阔的改革进程。党的十八届三中全会确定的目标任务全面推进，各领域基础性制度框架基本确立，许多领域实现历史性变革、系统性重塑、整体性重构，为推动形成系统完备、科学规范、运行有效的制度体系，使各方面制度更加成熟更加定型奠定了坚实基础，全面深化改革取得历史性伟大成就。[①]这就高屋建瓴地总结了党的十八届三中全会以来全面深化改革的硕果。2021年11月，党的十九届六中全会

① 习近平:《习近平谈治国理政》第4卷，外文出版社2022年版，第232页。

通过的历史决议，对新时代的制度建设给予高度评价，决议指出，中国特色社会主义制度更加成熟更加定型，国家治理体系和治理能力现代化水平不断提高。[①]2022年10月，党的二十大报告总结新时代十年的伟大成就时指出，各领域基础性制度框架基本建立，许多领域实现历史性变革、系统性重塑、整体性重构，新一轮党和国家机构改革全面完成，中国特色社会主义制度更加成熟更加定型，国家治理体系和治理能力现代化水平明显提高。[②] 2024年7月召开的党的二十届三中全会就此又有新的总结。简言之，通过持续不断的制度建设、体制变革、机制调整，中国制度为中华民族伟大复兴提供着越来越有力的支撑。

五、改革开放为实现中华民族伟大复兴注入了不竭精神动力

推进民族复兴伟业需要顽强奋斗的精神力量。实现中华民族伟大复兴是一项宏大的历史性进程，不可能一帆风顺，既要有强大的物质基础、完善的制度保证，还需要精神力量支撑。党的十九届六中全会通过的历史决议明确党在新时代的历史任务是为实现第二个百年奋斗目标、向着实现中华民族伟大复兴的中国梦的宏伟目标继续前进。但实现这个宏伟目标需要长期的艰苦的持续的努力，需要战胜能够想象以及难以想象的困难风险挑战。新征程上克服困难、化解风险，需要硬招实招和苦干实干，也需要坚强的意志品质、坚定的信心信念。没有精神的有力支撑，就很难持续进行艰苦卓绝的奋斗。

---

①《中共中央关于党的百年奋斗重大成就和历史经验的决议》，人民出版社2021年版，第38页。

② 习近平:《高举中国特色社会主义伟大旗帜 为全面建设社会主义现代化国家而团结奋斗——在中国共产党第二十次全国代表大会上的报告》,《人民日报》2022年10月26日第1版。

早在2013年，习近平就指出，实现中国梦必须弘扬中国精神。这种精神是凝心聚力的兴国、强国之魂。这种精神主要包括以爱国主义为核心的民族精神，以改革创新为核心的时代精神。他强调，改革创新始终是鞭策我们在改革开放中与时俱进的精神力量[①]，并在庆祝改革开放40周年大会上指出，改革开放铸就的伟大改革开放精神，极大丰富了民族精神内涵，成为当代中国人民最鲜明的精神标识！[②]改革开放精神是在改革开放过程中生发的，是激励全体中国人民攻坚克难、迎难而上的强大思想武器。中国改革开放的缩影——深圳之所以从边陲小城，经过几十年奋斗，实现凤凰涅槃，成为具有世界影响力的大城市，就在于深圳人民在党的领导下敢闯敢试敢干，就在于上下齐心、团结奋进。伟大改革开放精神，简言之就是敢于破旧立新的创新意识，一往无前的无畏气魄，勇攀高峰的卓越品质，大气谦和的包容态度。

在伟大改革开放精神的激励下，中国人民解放思想、实事求是，干出了一片新天地。以农村改革为例，从实行家庭联产承包、乡镇企业异军突起、取消农业税和特产税到农村承包地“三权”分置、打赢脱贫攻坚战、实施乡村振兴战略，都贯穿着以大胆地试、勇敢地改、积极开拓为内涵的改革开放精神。不仅农业领域这样，其他领域也是如此。正是在伟大改革开放精神的激励下，中国人民在党的领导下不断积累物质财富和精神财富，实现物质文明和精神文明双丰收，向着中华民族伟大复兴的宏伟目标不断迈进。

改革开放已走过千山万水，但仍需跋山涉水，摆在全党全国各族

① 中共中央文献研究室：《十八大以来重要文献选编》（上），中央文献出版社2014年版，第235页。

② 习近平：《论坚持全面深化改革》，中央文献出版社2018年版，第508页。

人民面前的使命更光荣、任务更艰巨、挑战更严峻、工作更伟大。[①]在实现中华民族伟大复兴的关键时期，要深刻领悟党中央近年来总结的关于改革开放的系列宝贵经验，明白我们过去为什么成功，同时要以此为根本遵循，将全面深化改革开放进行到底，不断实现人民对美好生活的向往，在实现中华民族伟大复兴的征程上不断迈出决定性步伐。

---

① 习近平:《论坚持全面深化改革》，中央文献出版社2018年版，第524—525页。

改革开放以来中国共产党决策科学化演进与展望

政策和策略是党的生命。[①]能否科学决策，关乎党的生命，关乎党的执政绩效和执政地位。改革开放以来，中国共产党持续推进决策科学化，在科学决策体制机制建构方面取得明显进展，推动中国改革开放取得巨大成功。

一、决策科学化的明确提出

20世纪80年代，以邓小平同志为核心的党的第二代中央领导集体，着眼于党和国家中心任务，积极推进包括决策体制变革在内的政治体制改革。在此大背景下，党内不少领导人深入研究政治体制改革。在1986年7月31日举行的全国软科学研究座谈会上，时任中央政治局委员、国务院副总理万里发表了关于推进决策民主化、科学化的讲话，在中国共产党历史上第一次明确提出决策民主化、科学化的重要命题。

在这篇著名讲话中，万里提出，在一切失误中，决策的失误是最大的失误[②]。他认为，决策变革必须针对以往个人说了算、权力过于集中等弊端，根据现代自然科学和社会科学的原理，坚持定性分析和定量分析相结合，建立严格的决策制度和决策程序，建立完善的决策

① 毛泽东:《毛泽东选集》第4卷，人民出版社1991年版，第1298页。

② 万里:《万里文选》，人民出版社1995年版，第523页。

支持系统、咨询系统、评价系统、监督系统和反馈系统等，以实现决策科学化。他主张，坚决改变陈旧落后的带有封建意味的决策意识和决策方法，树立新的科学的决策意识和决策方法，来一场决策体制变革，并强调领导者要担起推进决策科学化的责任。

万里的讲话，反映了20世纪80年代中国政治体制改革的重要方向，也提出了决策体制变革的重要命题，受到邓小平、陈云等中央领导同志的赞许。这一讲话全文发表于《人民日报》，产生了广泛影响，有力推动了决策科学化。在此背景下，1987年党的十三大第一次以中央名义明确提出决策科学化的概念，指出，切实加强党的制度建设，对于党的正确路线的巩固和发展，对于党的决策的民主化和科学化，对于充分发挥各级党组织和党员的积极性、创造性，十分重要[①]。

思想源于实践。决策科学化的提出，既建立在对过去决策模式的反思基础上，又是中国共产党从改革开放初期决策科学化实践中获得的正面经验。为避免20世纪六七十年代因为决策不科学不民主导致的灾难性后果，改革开放以来中共中央做出重大决策时都比较慎重，常常运用科学技术，注意听取专家意见，不断推进决策科学化。20世纪80年代，中国一些重大工程项目，已经开始采用可行性研究的科学方法；对一些重大的经济社会决策，开始进行定量分析和测算，选择优化方案；现代化建设中一些重大战略、方针和政策的制定，也经过了较周密的系统分析和研究论证，具有较强的科学性。国家科委、国家计委、国家经委共同组织了十几项重大技术政策的研究，经国务院审议后正式发布。攀登科技高峰的“863”计划的制订，就源自几个科学家的建议。

① 中共中央文献研究室:《十三大以来重要文献选编》(上)，中央文献出版社2011年版，第43页。

二、决策科学化逐步推进

随着改革开放向纵深推进，重大决策面临的形势日益复杂，中国共产党进一步认识到决策科学化的重要性。从党的十三届四中全会到党的十六大召开前这个阶段，党中央提出“没有调查就没有决策权”①，着力推进专家咨询制度、决策论证制和责任制建设，决策科学化不断推进。

（一）“没有调查就没有决策权”的提出

调查研究是保证科学决策的基础性环节，通过调查研究可以搜集信息、比较差异、看到新情况、发现新问题，搜集分析一手资料供决策参考。中国共产党向来重视调查研究。毛泽东在革命年代就提出，没有调查，就没有发言权②，不做正确的调查同样没有发言权③。江泽民提出，重视调查研究，是我们党的优良传统。坚持理论与实际相结合，由此制定和执行正确的路线方针政策，是我们党领导革命、建设和改革的基本经验。④为了提高决策的科学性，应该加强调查研究，了解新情况，研究新问题，及时对现实生活提出的重大实践和理论问题作出尽可能正确的回答。⑤

江泽民认为调查研究关乎决策质量，进而提出了“没有调查就没有决策权”的重要决策思想。他指出，历史经验说明，各种问题的解决都取决于正确的决策，而正确的决策来源于对客观实际的周密调查研究。如果不了解实际情况，凭老经验、想当然、拍脑袋，把自己的

---

① 江泽民：《江泽民文选》第1卷，人民出版社2006年版，第304页。

② 中共中央文献研究室：《毛泽东文集》第2卷，人民出版社1993年版，第382页。

③ 中共中央文献研究室：《毛泽东文集》第1卷，人民出版社1993年版，第268页。

④ 江泽民：《江泽民文选》第1卷，人民出版社2006年版，第304页。

⑤ 江泽民：《江泽民文选》第1卷，人民出版社2006年版，第191页。

主观愿望当作客观现实，就不可能做出正确的决策。因此，越是领导职务高的同志，越要亲自下功夫对重大问题进行调查研究。这是别人无法代替的。没有调查就没有发言权，没有调查就更没有决策权。[①]他要求党的高级干部至少每年拿出一个月的时间进行调研。当然，调研不能走马观花、蜻蜓点水、浅尝辄止，不能正确地调查同样没有决策权。

实现科学决策要坚持从群众中来到群众中去的群众路线，科学决策必须建立在集思广益上。江泽民强调，要努力建立健全一套民主的科学的决策制度和程序，充分走群众路线，广泛听取各方面的意见，做到集思广益[②]。实际上，我们很多重大决策都采取了多方争取意见、集思广益的群众路线做法，以确保决策的科学性。比如，“十五”计划制订过程中，中国首次采取了通过报纸、网络等途径，向全国人民公开求计问策的做法。国家计委专门设立网站，发布公告，欢迎广大公众提出意见和建议，还对一些很有价值的建议给予公开奖励。制订过程中，还首次听取国际组织的意见。1999年初，世界银行接受国家计委委托，就中国“十五”计划提供政策建议，根据约定世界银行提交了《中国的中期转轨问题：“十五”计划若干经济发展问题的框架文件》[③]。这都是党在新的历史条件下进行调查研究采用的新手段，有利于实现决策科学化。

（二）建立专家咨询制度加强决策咨询

改革开放以来尤其是党的十三届四中全会以来，党中央比较重视决策咨询、发挥专家群体作用。这是出于领导干部自身知识面、知识更新能力与网络时代涌现巨量信息的落差有关，与解决改革开放后层

① 江泽民：《江泽民文选》第1卷，人民出版社2006年版，第308页。

② 江泽民：《江泽民文选》第1卷，人民出版社2006年版，第158页。

③ 刘国光：《中国十个五年计划研究报告》，人民出版社2006年版，第665页。

出不穷的新问题有关，更与提升决策科学化水平的迫切需要有关。

决策过程中，邀请决策咨询机构进行研究论证、听取专家意见建议是世界上很多国家的共同做法。改革开放以来中国共产党日益重视决策咨询和发挥专家作用。20世纪80年代初，国务院就曾聘请多位国际知名专家作为经济顾问。早在1986年10月，江泽民就认为，现代领导还要有智力上的延伸，没有智力上的延伸，没有智囊团，也是不行的。要组织一批智囊团，为领导决策提供各种供选择的方案，并且协助作出正确的选择。[①]

中国决策智囊团多为党政机关及其研究部门，如中央党校、中央编译局、中国社会科学院、国务院发展研究中心等。江泽民还指出，凡属重大决策，都应该先由决策咨询机构进行研究论证，广泛听取专家意见，在多种方案中选择最佳方案，努力实现领导决策与专家辅助决策相结合。进行重大决策，光有定性分析是不够的，还必须有科学的定量分析。[②]这就鲜明体现了重视决策咨询的科学决策思想。

在社会主义现代化建设的实践中，随着对治国理政规律认识的加深，中国共产党越来越深刻认识到，在决策过程中发挥专家型知识分子作用的重要性。正如江泽民所说，我们要顺利实现建设和改革的任务，必须保证决策的科学性。从中央到地方，在决策的研究、论证、咨询、制定和组织实施中，知识分子的作用都越来越突出[③]。1992年4月24日，江泽民在同出席中国科学院第六次学部委员大会的部分学部委员座谈时指出，我们衷心希望能够经常听到各位学部委员的意见和建议，更有力地推进我国重大决策的科学化、民主化。

中国共产党要求各级领导干部在决策过程中应注意听取专家意

① 江泽民:《各级领导干部要研究领导科学》,《领导科学》1996年第11期。

② 江泽民:《江泽民文选》第3卷，人民出版社2006年版，第166—167页。

③ 江泽民:《江泽民文选》第1卷，人民出版社2006年版，第126页。

见。江泽民认为，一名领导干部不可能全面了解当代科技的所有知识，这就要经常向科学家、专家虚心请教。重要决策要广泛听取专家的意见和建议，认真进行科学论证[①]。这也是很多地方干部决策时已经践行了的。

思想引领实践。自党的十三届四中全会至党的十六大，中央很多重大决策都注意征求专家意见。无论是确立社会主义市场经济体制改革目标，还是1997年应对亚洲金融危机、1998年抗洪抢险都注重征求专家意见。1991年10月至12月，江泽民邀请吴敬琏、林毅夫、周小川、郭树清等20多位经济学者，开了11次小型座谈会，研讨国际形势和中国改革等问题。1998年抗洪抢险期间，中央之所以能果断决策，实现确保长江大堤安全、确保重要城市安全、确保人民生命财产安全的三个目标，把自然灾害的损失减少到了最低限度，取得了抗洪救灾的胜利，有个很重要的原因，就是改革开放以来中国建立了高科技的对水情、雨情、堤情的全面立体监测网，准确及时把握了江河湖水的脉搏，尤其是长江水利委员会专家的若干意见，为中央决策提供了科学根据。

决策者要正确处理和决策咨询专家的关系，力求多谋善断。江泽民认为各级领导干部在工作中应该努力学会既能多谋又能善断。他就此曾专门强调指出，各级领导干部特别是高级干部，应该善于审时度势、果断决策。无论做什么工作都要抓住机遇而不能丧失机遇，否则就会丧失开拓前进的主动权……当然，果断决策绝不是盲目决策。在决断前要谨慎周密地加以论证，广泛听取各方面的意见，集中干部群众的智慧，为果断决策提供正确依据和可靠基础。这也就是多谋的过程。多谋和善断是辩证统一的。[②]

---

① 江泽民:《江泽民文选》第1卷，人民出版社2006年版，第438页。

② 江泽民:《江泽民文选》第2卷，人民出版社2006年版，第142—143页。

（三）实行决策的论证制和责任制

展开决策论证是科学决策的基础性环节。实施决策责任制是落实科学决策的制度保证。就此党的十六大明确要求“实行决策的论证制和责任制，防止决策的随意性”[①]。

展开决策论证，是实现科学决策的重要一环。当代中国很多重大决策都进行了决策论证。比如，是否上马三峡工程就经历了一个长期论证过程，不仅有国内专家参与，国际专家也参与撰写论证报告。再比如，在实施西部大开发战略期间，不论是出台重大政策，还是开工重大项目，决策部门都广泛听取各方面意见，严格组织科学论证，进行多种方案比选，体现了实事求是、尊重科学的态度。在研究论证过程中，遇到利益有冲突、意见有分歧时，决策部门大多能从最广大人民的根本利益出发，坚持走群众路线，同时协调好各方面关系，求解各方面利益的最大公约数。最终这些决策都要经过公开、公正、公平的程序批准执行。由于经过充分的酝酿、论证、协调，一旦进入决策实施阶段，各方面都能顾全大局，消除分歧，集中力量，抓好落实。[②]

实施决策责任制主要是通过明确决策责任者，形成决策失误追究制度，对决策责任人进行依法依规处理。决策责任制的确立有助于提醒决策者要科学决策，决策前和决策实施中注意反馈，及时修正政策。这都有利于保证科学决策。

三、决策科学化日益深入

党的十六大召开后，党中央提出了科学发展观的重大战略思想。

① 江泽民:《江泽民文选》第3卷，人民出版社2006年版，第556页。

② 曾培炎:《西部大开发决策回顾》，中共党史出版社、新华出版社2010年版，第437页。

把科学发展观落实到决策过程，必然要求增强决策科学性。党的十六届四中全会明确指出，对专业性、技术性较强的重大事项，要认真进行专家论证、技术咨询、决策评估。[①]从党的十六大到党的十八大召开前这个阶段，中央一如既往重视决策科学化，就增强决策科学化进行制度设计，决策信息支持系统日益健全、决策智力支持系统更加完善，调查研究工作也得到进一步加强。

（一）决策信息支持系统日益健全

决策信息是否充分直接决定决策质量。决策信息支持系统是否完备关乎决策科学水平高低。2004年9月，党的十六届四中全会通过的《中共中央关于加强党的执政能力建设的决定》，明确提出，完善重大决策的规则和程序，通过多种渠道和形式广泛集中民智，使决策真正建立在科学、民主的基础之上[②]。集中民智的过程就是搜集决策信息的过程。2007年10月，党的十七大明确提出推进决策科学化必须“完善决策信息和智力支持系统”的重大决策思想。党中央决策信息来源十分广泛，既有中央各部委办局、省市县有关部门提供的决策信息，又有诸多研究部门提供的研究报告，还有中央领导通过调研获得的一手资料。进入网络时代，每天有海量信息在网络里涌现流转。通过高水平的及时搜集、整理、分析这些信息，为决策提供信息支持，是提高决策科学化水平的重要路径。

科学决策有赖于多元化信息网络的支持。中央决策的信息支持部门众多，有中央办公厅调研室、中央政策研究室、中直机关的研究室等，中国科学院、中国社会科学院、北京大学、清华大学等著名科研

---

① 中共中央文献研究室：《十六大以来重要文献选编》（中），中央文献出版社2011年版，第282页。

② 中共中央文献研究室：《十六大以来重要文献选编》（中），中央文献出版社2011年版，第282页。

机构也会根据决策需要提供支持。这些部门都有向中央提供决策信息支持的义务和责任，也组成了一个庞大的信息网络。中央提出完善决策信息支持系统，不仅是对各决策信息提供部门的要求，也提出了建立系统化、相互配套、互相支持的决策信息支持系统的任务。

完善决策信息支持系统，首要任务是提高决策信息质量。这要求决策信息提供部门不断提升工作质量，信息搜集者和提供者要不断提高信息供给素质。中国科学院、中国工程院两院院士作为全国科技界的领军人物，为党和国家科学决策做出重大贡献。从20世纪五六十年代艰苦卓绝研制“两弹一星”到20世纪90年代制订实施“973”计划等重大决策，两院院士都参与其中，做出历史性贡献。党的十六大以来，胡锦涛多次参加两院院士会议，向两院院士为国家重大决策做出的贡献表示感谢，并提出要尊重和发挥院士群体在科学决策过程中的作用。2004年6月，他指出，要重视科学技术在制定发展规划和促进经济社会发展中的重要作用，努力做到依靠科学决策、依靠科学统筹[①]。

（二）决策智力支持系统更加完善

决策智力支持系统包含很多方面，党的十六大以来主要是建立有独立见解、超越部门利益的智库和思想库，加大决策咨询力度，完善专家咨询机制，建立健全决策咨询制度。

中央积极谋划建立智库和思想库。2004年中央开始实施马克思主义理论研究和建设工程，重点对重大哲学社会科学问题进行联合攻关。这一工程已经成为团结和凝聚理论界专家学者的桥梁和纽带。通过工程汇聚了全国各地、各个系统、各个学科的骨干力量。现在直接参加工程的有八百多人，间接参加的有八千多人。工程的实施大大密

① 胡锦涛:《胡锦涛文选》第2卷，人民出版社2016年版，第194页。

切了党与理论界的联系，广大专家学者更直接地了解中央精神，研究成果更直接地进入党和政府决策之中，更好地发挥了“思想库”和“智囊团”的作用。[①]2009年3月，中国国际经济交流中心正式成立。经国务院批准的这家智库整合了国家发展改革委下属的国际合作中心和对外开放咨询中心，被称为中国最高级智库。成立该智库的目的在于为中央决策尤其是重大经济决策提供智力支撑。

改革开放以来，中共中央为增强决策的科学性，比较重视决策咨询。中国拥有庞大的人才队伍，既有自然科学又有哲学社会科学方面的人才。自然科学界人才集中在高等院校、中国科学院和中国工程院。胡锦涛多次指出，希望中国科学院、中国工程院进一步发挥跨学科、跨部门、高水平的优势，围绕推进经济社会发展、改善人民生活、保障国防安全等方面的重大科技问题，开展宏观性、战略性、前瞻性、综合性的决策咨询，组织科研团队在专业领域内发挥领军作用，为党和政府决策提供真知灼见，以实际行动推动重大决策的科学化、民主化。[②]2008年6月，胡锦涛在两院院士大会上指出，中国科学院学部、中国工程院是国家在科学技术和工程方面的最高咨询机构，是国家的科学技术思想库。两院院士要更加积极主动地参与决策咨询，努力为解决经济社会发展中的战略问题提供咨询建议，为国家宏观决策提供科学依据。同时，要建立健全国家宏观决策咨询制度，建立健全科学民主决策的评估制度、监督机制、责任制度，探索推进国家宏观决策咨询制度法制化的有效途径，为两院院士发挥咨询作用提供舞台。各级党委和政府要充分发挥两院

① 中共中央文献研究室:《十六大以来重要文献选编》(下)，中央文献出版社2011年版，第883页。

② 中共中央文献研究室:《十六大以来重要文献选编》(下)，中央文献出版社2011年版，第488页。

院士和各方面专家的作用，积极推进决策科学化、民主化[①]。

全国政协委员群体是中央决策前、决策实施中的重要咨询对象，全国政协是中央进行决策咨询、集中民智的重要平台。十六大以来，全国政协委员尤其是各民主党派和无党派人士通过多种途径多种形式就推动构建社会主义和谐社会、推动中部崛起等重大问题，提出高质量决策建议，很多建议被中央采纳。政协为编制“十二五”规划建言献策的过程，是发扬民主、集思广益、推动科学决策的成功实践，取得了丰硕成果。委员们提出的关于“十二五”时期要坚持以加快转变经济发展方式为主线、以大力调整经济结构为主要内容等建议，为规划编制提供了有益参考。

党的十六大以来，党中央很多重大决策都做到了科学决策。以五年规划为例，制定五年规划显然属于党中央和国务院的重大决策。五年规划的制定过程是一个集思广益、科学决策的过程。中国制定五年规划至少要经过四个步骤：第一步，组织有关部门和专家开展对经济社会发展面临的重大问题进行专题研究，形成文字材料，为编制规划提供研究基础。第二步，成立由各领域专家组成的五年规划专家委员会，对规划进行多轮次咨询论证。第三步，在全国范围内开展多种多样的为规划建言献策的活动，征求全国各界的意见。第四步，修改完善规划纲要。当然这四个步骤中的后三步有时是交叉进行，规划纲要根据各方面意见进行多次修改后报经中央同意后才能定稿。党中央也要召开一次中央全会对规划草案进行审议，起草组还要根据中央全会的意见再进行修改。这个过程，最大地避免了非理性决策的弊端，体现了科学决策精神。

党的十六大以来，党中央为实现科学决策更加重视调查研究。

① 中共中央文献研究室:《十七大以来重要文献选编》(上)，中央文献出版社2009年版，第504—505页。

2010年，中共中央办公厅印发的《关于推进学习型党组织建设的意见》明确要求，建立健全调查研究制度，省部级领导干部到基层调研每年不少于30天，市、县领导干部不少于60天，领导干部要每年撰写一至两篇调研报告。这实际上推动了调查研究的制度化、规范化。

四、决策科学化进入新时代

党的十八大以来，中国特色社会主义进入新时代。党面临的决策环境、利益关系愈加复杂，相应来说，决策复杂性也愈益增加，对决策科学化水平的要求愈益提高。尤其是全面深化改革进入攻坚期和深水区后，牵一发而动全身的决策情景成为中国共产党经常面临的问题。面临新时代新情况新问题，以习近平同志为核心的党中央，通过加强决策过程协商、加强调查研究、加强智库建设、加强组织协调等重大举措不断推动决策科学化。

（一）提出有事好商量，加强决策过程协商

加强决策过程协商，是实现科学决策的重要环节。习近平总书记提出，在中国社会主义制度下，有事好商量，众人的事情由众人商量。我们要坚持有事多商量，遇事多商量，做事多商量，商量得越多越深入越好[①]。实际上，在人民内部各方面广泛商量的过程，就是科学决策的过程。党中央明确把政治协商纳入决策程序，坚持协商于决策之前和决策实施之中，统筹推进政党协商、人大协商、政府协商、政协协商，民主协商实效性不断增强。通过广泛多层制度化协商，党的决策科学化水平不断提高。

党的决策过程协商体现在方方面面。就中央层面来看，每年3月举行的两会是最为重要的协商平台和协商环节。全国人大代表和全国

① 习近平：《习近平谈治国理政》第2卷，外文出版社2017年版，第292页。

政协委员对年度政府工作报告等党和国家重要决策进行集体协商。人大代表会提出一些政策性建议，有的甚至形成议案直接提交全国人大，供中央高层做决策参考。全国政协委员每年就重大事项开展调研而形成的调研报告，有的直接影响党和国家的决策。年度两会上，代表和委员们更是提出治国理政的建议，为中国共产党做出重要决策提供参考。

不定期召开的党外人士座谈会同样是中国共产党进行决策过程协商的重要环节。党的十八大以来中央已经多次召开党外人士座谈会，座谈会上各民主党派中央、全国工商联、无党派人士等各方面代表都会发言表达看法，会上习近平总书记也会发表讲话予以回应。比如，2017年12月6日，中共中央在中南海召开党外人士座谈会。听取大家发言后，习近平总书记指出："一年来，各民主党派中央、全国工商联和无党派人士，围绕经济社会发展和关系国计民生的重大问题，就深入推进'一带一路'建设、振兴和提升实体经济等重大问题深入考察调研，提出意见和建议80余件，为中共中央科学决策和有效施策提供了重要参考。"他还表示，"大家围绕学习贯彻中共十九大精神、正确认识当前经济形势、做好明年经济工作，提出了很多建设性意见和建议，听了很受启发，我们将认真研究、积极吸纳"。①

党的十八大以来，党中央一直坚持协商于决策之前，重视在重要会议召开之前、重要文件颁发之前、重大决策决定之前，听取各民主党派中央、全国工商联和无党派人士的意见和建议。党的十九大明确提出，协商民主是实现党的领导的重要方式，是我国社会主义民主政治的特有形式和独特优势，并就推动协商民主广泛、多层、制度化发展做出部署。党的二十大进一步明确全面发展协商民主。这表明，中

①《中共中央召开党外人士座谈会》,《人民日报》2017年12月9日第1版。

央高度重视决策过程协商，决策过程协商在提升决策科学化水平方面的作用越来越大。

（二）提出“不调研不决策，先调研后决策”，加强调查研究

调查研究的过程就是科学决策的过程。习近平总书记指出，为了防止和克服决策中的随意性及其造成的失误，提高决策科学化水平，必须把调查研究贯穿于决策的全过程，真正成为决策的必经程序，领导干部应该坚持做到不调研不决策，先调研后决策[①]。

党的十八大以来，中共中央领导多次到全国各地深入基层调查研究，了解摸底地方情况。比如，在制订“十三五”规划过程中，习近平总书记先后到经济发达的华东地区、扶贫攻坚任务繁重的中西部地区、加快振兴发展的东北老工业基地，就谋划好“十三五”时期经济社会发展进行调研考察。他还先后在浙江、贵州、吉林主持召开座谈会，听取18个省份主要领导同志对“十三五”时期经济社会发展的意见和建议。党的十八大以来，习近平总书记到基层考察调研50次，累计151天。[②]近年来国务院总理李克强就实施创新驱动战略、推动“放管服”改革等进行了多次调研。中央其他领导同志也经常奔赴各地调查研究。

党的十九大、二十大召开后，按照习近平总书记关于在全党大兴调查研究之风的重要指示，全国各地各部门纷纷开展调查研究，有的地方还专门规定了省市县各级领导干部的调研时间。大兴调查研究之风，既是贯彻落实党代会重大决策部署的重要举措，也是新时代对党的优良传统的继续弘扬，可以有效避免“拍脑袋决策、拍大腿后悔、

① 中共中央党校:《习近平党校十九讲》，中共中央党校出版社2014年版，第262—263页。

②《党的十八大以来习近平总书记国内考察全纪实》,《人民日报》2017年10月9日第1版。

拍屁股走人”的非理性决策，推动决策科学化。

（三）提出健全决策咨询制度，加强智库建设

党的十八大以来，中央高度重视决策咨询制度建设，突出特点是加强了中国特色新型智库建设。中共中央全会和党代会都对此做出明确部署：党的十八届三中全会提出加强中国特色新型智库建设，建立健全决策咨询制度；党的十八届五中全会强调，要实施哲学社会科学创新工程，建设中国特色新型智库；党的十九大指出，深化马克思主义理论研究和建设，加快构建中国特色哲学社会科学，加强中国特色新型智库建设[①]。

智库建设有赖于全国哲学社会科学和自然科学界的专家学者出谋划策。2016年5月17日，习近平在哲学社会科学工作座谈会上指出，近年来，哲学社会科学领域建设智库热情很高，成果也不少，为各级党政部门决策提供了有益帮助。同时，有的智库研究存在重数量、轻质量问题，有的存在重形式传播、轻内容创新问题，还有的流于搭台子、请名人、办论坛等形式主义的做法。智库建设要把重点放在提高研究质量、推动内容创新上。要加强决策部门同智库的信息共享和互动交流，把党政部门政策研究同智库对策研究紧密结合起来，引导和推动智库建设健康发展、更好发挥作用。[②]5月30日，习近平总书记在全国科技创新大会上指出，中国科学院、中国工程院是我国科技大师荟萃之地，要发挥好国家高端科技智库功能，组织广大院士围绕事关科技创新发展全局问题和长远问题，善于把握世界科技发展大势、研判世界科技革命新方向，为国家科技决策提供准确、前瞻、及时的

---

① 人民出版社:《中国共产党第十九次全国代表大会文件汇编》，人民出版社2017年版，第33—34页。

② 习近平:《在哲学社会科学工作座谈会上的讲话》,《人民日报》2016年5月19日第2版。

建议。[①]习近平总书记的这两次重要讲话代表党中央对智库建设提出了明确要求，对学界参与中央决策提出了迫切期望。

科学谋划智库建设。2014年10月27日，中央全面深化改革领导小组第六次会议审议了《关于加强中国特色新型智库建设的意见》。2015年1月20日，中共中央办公厅、国务院办公厅印发了这一意见，意见明确提出了中国特色新型智库建设的目标。党的改革经验是试点先行，建设智库也是如此。2015年11月9日，中央全面深化改革领导小组第十八次会议审议通过了《国家高端智库建设试点工作方案》。这次会议强调，开展国家高端智库建设试点工作，要紧紧围绕“四个全面”战略布局，以服务党和政府决策为宗旨，以政策研究咨询为主攻方向，以完善组织形式和管理方式为重点，以改革创新为动力，优先选择若干基础条件较好、专业特色突出的机构进行试点，建设一批国家亟须、特色鲜明、制度创新、引领发展的高端智库。要加强试点工作的组织领导和统筹协调，规范决策研究、成果转化、考核评估、经费投入等工作，选好配强首席专家，建好专业研究团队，重点围绕国家重大战略需求，开展前瞻性、针对性、储备性政策研究，及时总结和推广试点经验。[②]12月1日，召开了国家高端智库建设试点工作会议，会议确定中共中央党校、中国社会科学院等25家成为首批国家高端智库建设试点单位。经中央批准设立了国家高端智库理事会，作为国家高端智库建设的议事机构和评估机构。2016年以来，国家高端智库理事会多次开会，听取试点单位工作汇报并进行测评，对智库建设工作提出要求。

---

①《全国科技创新大会 两院院士大会 中国科协第九次全国代表大会在京召开》，《人民日报》2016年5月31日第1版。

②《习近平主持召开中央全面深化改革领导小组第十八次会议强调 全面贯彻党的十八届五中全会精神 依靠改革为科学发展提供持续动力》，《人民日报》2015年11月10日第1版。

党的十八大以来，智库建设稳步推进，有力支撑了中央决策。比如，在决定设立雄安新区期间，全国智库尤其是科技界智库就曾做出较大贡献。2014年6月下旬和7月上旬，“京津冀协同发展专家咨询委员会”组长、中国工程院院士徐匡迪，分赴天津、河北、北京调研，为雄安新区的最终成立提供决策型、前瞻型、精确型和智慧型的战略设计和政策供给。2016年下半年以来，中国科学院科技战略咨询研究院着眼面向未来的新型城市形态、引领中国未来城市现代化建设，系统调研分析了国内外有关情况，就雄安新区的定位、未来城市形态、未来社会发展模式、未来高端产业发展方向等进行了深入研究，形成了若干研究报告，提出了一系列建议。接到《中共中央、国务院关于设立河北雄安新区的通知》后，中国科学院党组在第一时间讨论了参与雄安新区建设的工作安排，制订了参与雄安新区建设的工作方案，并成立了由中国科学院党组书记、院长白春礼任组长，党组副书记、副院长刘伟平任副组长的“中国科学院参与雄安新区规划建设发展领导小组”，组织推进全院参与雄安新区规划建设发展等各项工作。①

可以说，党的十八大以来，中国特色新型智库建设力度前所未有。中国智库具有特色鲜明、领域广泛、力量强大等特点。但还要看到，与发达国家相比，中国智库建设还处在初步阶段，在如何更好规划智库建设、提高智库决策咨询质量、充分发挥智库作用等方面还需要继续努力。

（四）建立中央层面领导小组，加强决策过程组织协调

科学决策需要强有力的组织保障。党的十八大以来，习近平总书记比较重视科学决策体制保障建设，具体体现为在中央层面建立了一

① 陆琦:《以中国智慧承载历史担当 十八大以来国家高端科技智库建设综述》,《中国科学报》2017年9月25日第1版。

系列领导小组。这些领导小组，不仅承担贯彻落实党中央决策的任务，还实际上担负起了制定负责范围内的重要决策部署。这些小组不隶属于中央国家机关某单一部门，而是超越这些部门的，直接代表中央声音，具有超越部门利益、高权威、高效率的特点。

2013年12月，党的十八届三中全会宣布成立中央全面深化改革领导小组，习近平总书记亲任组长。迄今，十八届中央全面深化改革领导小组共召开会议38次，十九届中央全面深化改革领导小组已经召开会议多次。为推动全面深化改革工作，制定了《中央全面深化改革领导小组工作规则》《中央全面深化改革领导小组专项小组工作规则》《中央全面深化改革领导小组办公室工作细则》；在中央全面深化改革领导小组下设置经济体制和生态文明体制改革、民主法制领域改革、文化体制改革、社会体制改革、党的建设制度改革、纪律检查体制改革六个专项小组，具体负责各领域改革决策设计和督查。党的十九大还决定建立中央全面依法治国领导小组，加强对法治中国建设的统一领导，统筹推进全面依法治国重大决策的落实。中央层面，还设有中央财经领导小组、中央农村工作领导小组、中央外事工作领导小组等。上述中央领导小组担负着各领域重大决策的建议、执行、督查等职责。这些领导小组的建立，对于搜集决策信息、了解决策落实情况具有重要的组织支撑作用，有利于提高党的决策科学化水平。

2017年10月召开的党的十九大明确指出，全党要增强政治领导本领，坚持战略思维、创新思维、辩证思维、法治思维、底线思维，科学制定和坚决执行党的路线方针政策，构建决策科学、执行坚决、监督有力的权力运行机制[①]。这为新时代如何推进党的决策科学化指明了方向。党的十九大后，中央层面的领导小组改为委员会制，比

① 人民出版社:《中国共产党第十九次全国代表大会文件汇编》，人民出版社2017年版，第30页。

如中央全面深化改革领导小组改为中央全面深化改革委员会，继续发挥顶层设计、统筹推进的作用。

改革开放以来，中国共产党从上到下逐渐形成了科学决策的共识，注重调研、重视协商、强调决策咨询、运用科技手段等已经成为决策习惯，决策信息支持系统、决策咨询制度、决策责任制等确保科学决策的体制机制不断完善，党的决策科学化水平不断提升。

不断变化的社会实践以及探索事物规律的艰难性，决定了提升决策科学化水平是一个持续性过程，没有终结点可言。我们既要看到改革开放以来党在不断提升决策科学化水平上取得的成绩，也要看到提升决策科学化水平还有较大空间。一是继续提高决策咨询质量。当前还存在决策咨询专家仅为门面摆设的问题。健全决策咨询制度，不仅要求专家要时刻保持思考的独立性以体现专业素养，不能随意按领导意愿“出谋划策”，而且要求决策部门“宽宏大量”，尊重认可专家专业水平。在信息大爆炸的当今时代，单个专家视野毕竟有限，还需要组建决策咨询专家团队，借百家争鸣发挥集体智慧。当前全国多数省份都建立了决策咨询委员会，并发挥了良好作用。时机成熟时可考虑建立中央层面的决策咨询委员会。二是继续做好决策过程协商。决策过程协商要做到决策前、决策实施中真协商，而不是走形式走过场，充分发挥协商作用。三是坚决执行决策责任制。要把决策责任制度落到实处，决策出现失误就要承担责任，不能再有交学费的托词，应建立严格的决策责任制和追究制，让决策失误的决策者受到应有的惩戒。四是建立健全独立性强的决策评估体系，对决策全过程展开监督，以避免决策失误。简言之，要继续健全科学决策体制机制，用制度保障决策科学化水平。这既是总结改革开放以来党推进决策科学化积累的重要经验，也是今后增强决策科学化的重要路径。

在全面建设社会主义现代化新征程开启之际召开的党的二十大，

对于党的决策思想既有坚持又有丰富发展，更加凸显了决策的制度化规范化取向。这在二十大报告中有鲜明体现。一是强调我们始终从国情出发想问题、作决策、办事情，既不好高骛远，也不因循守旧，保持历史耐心，坚持稳中求进、循序渐进、持续推进。[①]这延续了作决策立足实际的优良传统。二是提出我们要健全人民当家作主制度体系，扩大人民有序政治参与，保证人民依法实行民主选举、民主协商、民主决策、民主管理、民主监督，发挥人民群众积极性、主动性、创造性，巩固和发展生动活泼、安定团结的政治局面。[②]这是在论述全过程人民民主时提到的，体现了人民在决策过程中的参与，反映了党的决策过程的民主化。三是强调坚持科学决策、民主决策、依法决策，全面落实重大决策程序制度。[③]这一论述不仅强调了党的决策过程中要坚持什么原则，又从操作层面提出了落实重大决策程序制度，体现了决策制度化趋向。四是强调健全总揽全局、协调各方的党的领导制度体系，完善党中央重大决策部署落实机制，确保全党在政治立场、政治方向、政治原则、政治道路上同党中央保持高度一致，确保党的团结统一。[④]这一论述重点突出了决策过程的执行环节，体现了中国共产党决策思想的实践性，强调决策的落实，并且用有力的

---

① 习近平:《高举中国特色社会主义伟大旗帜 为全面建设社会主义现代化国家而团结奋斗——在中国共产党第二十次全国代表大会上的报告》,《人民日报》2022年10月26日第1版。

② 习近平:《高举中国特色社会主义伟大旗帜 为全面建设社会主义现代化国家而团结奋斗——在中国共产党第二十次全国代表大会上的报告》,《人民日报》2022年10月26日第1版。

③ 习近平:《高举中国特色社会主义伟大旗帜 为全面建设社会主义现代化国家而团结奋斗——在中国共产党第二十次全国代表大会上的报告》,《人民日报》2022年10月26日第1版。

④ 习近平:《高举中国特色社会主义伟大旗帜 为全面建设社会主义现代化国家而团结奋斗——在中国共产党第二十次全国代表大会上的报告》,《人民日报》2022年10月26日第1版。

机制来保障决策落实。五是强调各级党组织要履行党章赋予的各项职责，把党的路线方针政策和党中央决策部署贯彻落实好，把各领域广大群众组织凝聚好。[①]这是从组织体系的角度对决策落实提出要求，反映了党的决策执行中各级党组织应该发挥的作用。在论述全面发展协商民主时，党的二十大报告还提到了“坚持发扬民主和增进团结相互贯通、建言资政和凝聚共识双向发力”，这反映了人民政协在决策过程中的咨询环节发挥着重大作用。当然，党的二十大召开的过程尤其是党的二十大报告起草过程，也都体现了中国共产党决策的科学化民主化法治化。认真学习贯彻党的二十大精神，有助于我们更加深刻地体悟中国共产党决策的脉动。

改革开放40多年来，中国城乡巨变、成就斐然，中国人民的面貌焕然一新、干劲十足。中国的成功实际上源自中国人民的辛勤劳动，源自中国共产党的执政有方，更源自中国共产党的科学决策。克服前进道路上的困难挑战，如期实现中华民族伟大复兴的中国梦，必须通过深化决策过程协商、切实提高智库建设质量、扎实进行调查研究、积极构建决策评估系统、健全党的决策体制机制等途径不断提高党的科学决策水平。

① 习近平:《高举中国特色社会主义伟大旗帜 为全面建设社会主义现代化国家而团结奋斗——在中国共产党第二十次全国代表大会上的报告》,《人民日报》2022年10月26日第1版。

新时代全面深化改革开放的历程、经验与成就

全面深化改革开放是新时代中国的显著标志，也是新时代中国发展进步的根本动力。党的十八大以来，以习近平同志为核心的党中央以巨大政治勇气和高超政治智慧，坚定不移推进全面深化改革、坚定不移扩大对外开放，啃下了很多难啃的硬骨头，解决了很多过去多半没能解决的难题，取得一系列重大的政治成果、理论成果、制度成果、实践成果和精神成果，推动党和国家事业呈现大改革大开放大发展的繁荣景象。在全面深化改革开放的进程中，我们积累了宝贵经验，为以中国式现代化全面推进中华民族伟大复兴打下了诸多方面的坚实基础。

一、新时代全面深化改革开放历程非凡

自1978年底启动的改革开放，创造了我国经济快速发展和社会长期稳定的两大奇迹。新时代的全面深化改革开放，虽然才进行十年多一点，但它在国际国内复杂深刻变化的形势下不仅极大改变了中国面貌，而且深刻影响了整个世界，确实极不寻常、极不平凡。这个非凡历史进程可以划分为三个阶段。

（一）第一个阶段

从党的十八大到十九大召开前：进行顶层设计、全面深化改革

取得重大突破。在2012年11月召开的党的十八大率先做出全面深化改革的部署后，习近平总书记到广东调研，向全党全国发出改革不停顿、开放不止步[①]的号召。在这一阶段的改革开放中，党的十八届三中全会是最重要最关键的节点。这次全会专门就全面深化改革若干重大问题进行研究，决定从经济、政治、文化、社会、生态和党的建设等多个领域展开力度空前、范围空前的改革，明确了全面深化改革的重点、路线图和时间表，提出很多具有原创性的改革新理念新思想新论断。全会还决定成立中央全面深化改革领导小组，负责统筹改革。2019年1月23日，习近平总书记在中央全面深化改革委员会第六次会议上指出，党的十一届三中全会是划时代的，开启了改革开放和社会主义现代化建设历史新时期。党的十八届三中全会也是划时代的，开启了全面深化改革、系统整体设计推进改革的新时代，开创了我国改革开放的新局面。[②]为推动全面深化改革和扩大对外开放，习近平总书记亲自担任中央全面深化改革领导小组组长，主持召开了38次会议，推出1500多项改革举措，推动重要领域和关键环节取得突破性进展。党的十八届三中全会，不仅是新时代中国的一次具有里程碑意义的重要会议，而且在中国共产党百年史上也写下了浓墨重彩的一笔。

（二）第二个阶段

从党的十九大到二十大召开前：全面深化改革蹄疾步稳、不断向纵深推进。2017年党的十九大把习近平新时代中国特色社会主义思想确立为全党要长期坚持的指导思想，总结过去五年改革开放的巨大成就，并对今后的全面深化改革和扩大开放提出了明确要求。在党的

① 习近平：《论坚持全面深化改革》，中央文献出版社2018年版，第1页。

② 中共中央党史和文献研究院：《十九大以来重要文献选编》（中），中央文献出版社2021年版，第263页。

十九大到二十大这五年间，2018年2月召开的党的十九届三中全会是一个关键节点。这次全会不仅继承改革开放以来历次三中全会都聚焦改革的光荣传统，而且决定开展一场新中国成立以来规模最大的一次党和国家机构改革。这次史无前例的政治改革，进展平稳，效果显著，大大提高了国家治理体系和治理能力的现代化水平。这个时段内，我们隆重庆祝改革开放40周年、深圳经济特区设立40周年、海南建省办经济特区30周年、上海浦东开发开放30周年等，系统总结了改革开放的宝贵经验，还对十八届三中全会确定的改革任务的进展情况进行了梳理总结，表明了将改革开放进行到底的鲜明态度。

（三）第三个阶段

从党的二十大召开至今：谋划和推进新一轮改革开放。2022年召开的党的二十大不仅概括提炼了新时代经历的三件大事，还系统总结了新时代十年的伟大变革，尤其是对新时代的改革开放取得的历史性成就进行了专门介绍。党的二十大还把改革开放作为中国式现代化道路上需要坚持的重要原则，并对各领域的改革做出了周密部署，是对全面深化改革开放的再动员再部署。大会结束后，习近平总书记又到广东调研，向全党全国发出继续深化改革开放的强烈信号。党的二十大以来，我们召开了包括中央经济工作会议、中央全面深化改革委员会会议等在内的一系列会议，积极谋划新一轮全面深化改革开放。党的二十届二中全会启动了新一轮党和国家机构改革。2024年7月召开的党的二十届三中全会，总结新时代十年的改革经验，对未来五年乃至更长时间的工作做出新的部署，是一次具有里程碑意义的会议。党的二十大以来，我们还顺利召开了第六届进博会、第三届“一带一路”国际合作高峰论坛，对外开放正迈开更大的步伐。

中国特色社会主义新时代，是中国特色社会主义事业迅速发展的新阶段，也是中国全面深化改革开放取得历史性成就的新阶段。从党的百年史的高度看，如果说，遵义会议实现了党的历史的伟大转折，那么党的十八大后也实现了党的历史的伟大转折，最具标志性成果就是诞生了新的领袖、诞生了全党和党中央的核心。经过遵义会议，毛泽东同志成为全党的核心、党中央的核心；经过党的十八大，习近平同志成为全党的核心、党中央的核心。1978年党的十一届三中全会能够实现伟大历史转折，是因为有邓小平；党的十八届三中全会能够延续十八大实现新的伟大历史转折，是因为有习近平。正是在习近平总书记的坚强领导下，新时代的全面深化改革开放才大刀阔斧、势如破竹，新时代的中国特色社会主义才生机勃勃、一往无前，党和国家事业才取得影响世界格局、彪炳华夏史册的历史性胜利。

与新时期的改革开放相比，新时代的改革开放有很多鲜明特点。一是更加注重党的全面领导。党中央坚持对改革的全面领导，坚持以上率下、上下结合，坚持总揽全局、协调各方。党在把方向、谋大局、定政策等方面充分发挥领导核心作用，坚持以伟大自我革命引领推动伟大社会革命。二是更加注重顶层设计。立足全局和大局高度，在谋划发展思路、擘画重大战略、推出重大举措等方面敢于作为、善于作为。三是更加注重制度建设。围绕坚持和完善中国特色社会主义制度、推进国家治理体系和治理能力现代化这条主轴，持续推出重大举措。四是更加注重改革开放的全面性。改革领域涉及经济、政治、文化、社会、生态等中国特色社会主义事业的方方面面，推动构建全方位对外开放新格局。五是更加注重系统性整体性协同性。改革中力求使各项改革举措系统集成，各个领域、各个部门之间协同配合，提高改革的关联性和耦合性，真正激发改革合力。六是更加注重压茬推进、稳中求进。坚持改革开放永远在路上，突出改革举措的衔接性、呼应性，强调改革举措要看准了再推开。七是更加注重改革和法治同步推进。坚持凡属重大改革都要于法有据，发挥法治引导、推动、规范、保障改革的作用，确保改革开放在法治轨道上健康推进。此外，与改革开放刚启动时相比，新时代的改革开放还有更加自觉、主动和进取的特点。

二、新时代全面深化改革开放取得重大成就

党的十九大、党的十九届六中全会、党的二十大、党的二十届三中全会先后对新时代全面深化改革开放的成就经验进行了梳理，为我们总结分析新时代改革开放取得的重大成就提供了根本遵循。2023年4月21日，习近平总书记在第二十届中央全面深化改革委员会第一次会议上指出，新时代十年，我们推动的改革是全方位、深层次、根本性的，取得的成就是历史性、革命性、开创性的。放眼全世界，没有哪个国家和政党，能有这样的政治气魄和历史担当，敢于大刀阔斧、刀刃向内、自我革命，也没有哪个国家和政党，能在这么短时间内推动这么大范围、这么大规模、这么大力度的改革，这是中国特色社会主义制度的鲜明特征和显著优势。这里尝试从政治成果、理论成果、制度成果、实践成果和精神成果等五个方面概括全面深化改革开放取得的历史性成就。

（一）政治成果方面

明确了“两个确立”对新时代党和国家事业、对推进中华民族伟大复兴历史进程具有决定性意义。

在新时代的伟大变革中，习近平总书记作为党中央的核心、全党的核心，在风云变幻中举旗定向、掌舵领航，在大战大考中指挥若定、运筹帷幄，在惊涛骇浪中力挽狂澜、砥柱中流，充分彰显了作为马克思主义政治家、思想家、战略家的恢宏气魄、远见卓识、雄韬伟略，不愧为党的核心、人民领袖、军队统帅，不愧为中华民族伟大复兴号巨轮的掌舵者、领航人。事实证明，党确立习近平同志党中央的

核心、全党的核心地位，确立习近平新时代中国特色社会主义思想的指导地位，反映了全党全军全国各族人民的共同心愿，对新时代党和国家事业发展、对推进中华民族伟大复兴历史进程具有决定性意义。“两个确立”是党在新时代取得的重大政治成果，是推动包括全面深化改革开放在内的党和国家事业取得历史性成就、发生历史性变革的决定性因素，已经成为全党全军全国各族人民的高度共识和共同意志，已经写在了新时代的伟大征程中、写在了全党全军全国各族人民心坎上，是党应对一切不确定性的最大确定性、最大底气、最大保证。全党必须深刻领悟“两个确立”的决定性意义，更加自觉地维护习近平总书记党中央的核心、全党的核心地位，更加自觉地维护以习近平同志为核心的党中央权威和集中统一领导，全面贯彻习近平新时代中国特色社会主义思想，坚定不移在思想上政治上行动上同以习近平同志为核心的党中央保持高度一致。[①]只有深刻理解“两个确立”的决定性意义，才能自觉拥护“两个确立”，才能真正为全面深化改革开放提供坚强政治保证。

（二）理论成果方面

创立了习近平新时代中国特色社会主义思想，尤其是习近平总书记就全面深化改革开放提出一系列新思路、新观点、新论断，形成了新时代全面深化改革开放思想。

党的十八大以来，以习近平同志为主要代表的中国共产党人，面对国际国内新形势和实践新要求，总结党成立以来的历史经验和新时代的新鲜经验，坚持把马克思主义基本原理同中国具体实际相结合、同中华优秀传统文化相结合，围绕实现中华民族伟大复兴这一理论主题，科学回答新时代坚持和发展什么样的中国特色社会主义、怎样坚

①《中共中央关于认真学习宣传贯彻党的二十大精神的决定》,《人民日报》2022年10月31日第1版。

持和发展中国特色社会主义等一系列重大时代课题，以全新视野深化对共产党执政规律、社会主义建设规律和人类社会发展规律的认识，创立了习近平新时代中国特色社会主义思想，为新时代全面深化改革开放提供了科学理论指导。作为中国精神和中华文化的时代精华，这一光辉思想的主要内容包括“十个明确”、“十四个坚持”、“十三个方面成就”和“六个必须坚持”，实现了马克思主义中国化时代化新的飞跃。

习近平总书记围绕全面深化改革做出的重要论述是习近平新时代中国特色社会主义思想的重要组成部分，是新时代全面深化改革开放的具体指南。它的主要内容包括改革开放的历史地位，新时代改革开放的前进方向、基本原则、总体格局、实施重点、科学方法等，是一个层次分明、系统完整、逻辑严密的理论体系。它深刻回答了什么是全面深化改革开放，新时代为什么要全面深化改革开放、怎样全面深化改革开放等一系列基本问题，具有鲜明的时代特征、浓郁的中国特色，为新时代全面深化改革开放提供了科学指引。

（三）制度成果方面

中国特色社会主义制度更加成熟更加定型，国家治理体系和治理能力现代化水平明显提高。

党的十八大以来，以习近平同志为核心的党中央，把制度建设摆在更加突出的位置，坚持改什么、怎么改必须以是否符合完善和发展中国特色社会主义制度、推进国家治理体系和治理能力现代化的总目标为根本尺度[①]，推动党和国家各项制度更加健全更加完善。十多年来，党的领导制度体系、党的自我革命制度规范体系等更加系统完善，形成比较完善的党内法规体系；党领导经济工作体制机制和社会

① 习近平:《论坚持全面深化改革》，中央文献出版社2018年版，第516页。

主义市场经济体制不断完善；社会主义民主政治制度化、规范化、程序化全面推进，中国特色社会主义政治制度优越性得到更好发挥；中国特色社会主义法治体系不断健全；确立和坚持马克思主义在意识形态领域指导地位的根本制度，健全意识形态工作责任制，推动理想信念教育常态化制度化；努力建设体现效率、促进公平的收入分配体系，推动完善重大疫情防控体制机制，健全国家公共卫生应急管理体系，完善社会治理体系，健全党组织领导的自治、法治、德治相结合的城乡基层治理体系，建设共建共治共享的社会治理制度；建立健全自然资源资产产权制度、国土空间开发保护制度、生态文明建设目标评价考核制度和责任追究制度、生态补偿制度、河湖长制、林长制、环境保护“党政同责”以及“一岗双责”等制度，生态文明制度体系更加健全；重构人民军队领导指挥体制、现代军事力量体系、军事政策制度，建立健全退役军人管理保障体制；完善集中统一、高效权威的国家安全领导体制，完善国家安全法治体系、战略体系和政策体系，建立国家安全工作协调机制和应急管理体制；等等。党的十八大以来的制度建设是新中国成立以来制度建设最为集中发力、取得成就最为突出的阶段，党内法规体系的建设就是鲜明例证。

（四）实践成果方面

经济社会发展取得一系列历史性成就、发生一系列历史性变革。

党的十八大以来，我们取得的最具标志性的伟大成果就是“历史性解决了绝对贫困问题，全面建成了小康社会”。具体表现在：我国经济实力实现历史性跃升，国内生产总值突破120万亿元人民币，经济总量占世界经济的比重超过18%，稳居世界第二位。我国创新排名居世界第12，进入创新型国家行列。我国成为140多个国家和地区主要贸易伙伴，货物贸易总额居世界第一。我们全面发展全过程人民民主，基本形成全面依法治国总体格局。我们的意识形态领域发生全局性、根本性转变，文化事业日益繁荣，网络生态持续向好，文化自信更加深入人心。人民生活全方位改善，人均健康预期寿命超过68岁，建成世界上规模最大的教育体系、社会保障体系和医疗卫生体系。生态环境保护发生历史性、转折性、全局性变化，祖国天更蓝、山更绿、水更清。人民军队得到革命性重塑，现代化水平和实战能力显著提升。香港、澳门保持长期稳定发展良好态势。中国特色大国外交全面推进，人类命运共同体理念日益广泛深入人心。党的领导、党的建设成效卓著。新时代十多年来的伟大实践，表明我们成功续写经济快速发展和社会保持稳定的奇迹，使得中华民族伟大复兴进入不可逆转的历史进程。

（五）精神成果方面

概括提出伟大建党精神、伟大抗疫精神、脱贫攻坚精神，我国人民更加自信自立自强。

我们党之所以历经百年而风华正茂、饱经磨难而生生不息，就是凭着那么一股革命加拼命的强大精神。党的十八大以来，中国共产党和中国人民在穿越时代的巨浪中，精气神有了极大提升，中国共产党的面貌、中国人民的面貌、中华民族的面貌焕然一新，社会主义中国更加巍然屹立。2020年9月8日，习近平总书记在全国抗击新冠肺炎疫情表彰大会上指出，在这场同严重疫情的殊死较量中，中国人民和中华民族以敢于斗争、敢于胜利的大无畏气概，铸就了生命至上、举国同心、舍生忘死、尊重科学、命运与共的伟大抗疫精神。①这是首次概括提出“伟大抗疫精神”。2021年2月25日，在全国脱贫攻坚总结表彰大会上，习近平总书记庄严宣告了我国脱贫攻坚战取得全面胜利，总结宣示了“上下同心、尽锐出战、精准务实、开拓创新、

① 中共中央党史和文献研究院：《十九大以来重要文献选编》（中），中央文献出版社2021年版，第688页。

攻坚克难、不负人民”的脱贫攻坚精神。7月1日，在庆祝中国共产党成立100周年大会上，习近平总书记在重要讲话中第一次概括提出了“坚持真理、坚守理想，践行初心、担当使命，不怕牺牲、英勇斗争，对党忠诚、不负人民”的伟大建党精神。这些精神反映党的性质宗旨、初心使命，是中国人民意志品质、中华民族精神的生动写照，是中国精神、中国价值、中国力量的充分彰显。党的十八大以来，我们还积极践行社会主义核心价值观、大力弘扬中华优秀传统文化、着力营造清朗网络空间。亿万中华儿女更加充满自信、更加积极向上、更加斗志昂扬，汇聚起了投身强国建设、民族复兴伟大事业的磅礴力量。

新时代中国取得的一系列巨大成就，不仅彰显了中国的制度优势和政治优势，而且反映出当代中国共产党人拥有治国理政的高超智慧。新时代的中国也因其巨大成就，成为全世界发展的主要引擎，为世界发展注入强大活力动力，为全球和平做出了重大贡献。

三、新时代全面深化改革开放积累诸多宝贵经验

2018年11月14日，习近平总书记在中央全面深化改革委员会第五次会议上指出，党的十八大以来，我们站在新的历史起点上部署推动全面深化改革，既取得很多重大历史性成就，也创造和积累了很多改革的新鲜经验。要把这个阶段改革工作总结好，把新时代改革开放精神风貌展现好。[①]结合新时代全面深化改革开放的非凡进程，对这个阶段的改革开放的新鲜经验予以总结，很有意义。

（一）坚持党对改革开放的全面领导

党的十八大以来，我们党对全面深化改革开放显著加强了领导。党的十八届三中全会决定成立中央全面深化改革领导小组，习近平总

① 转引自新华社:《深刻总结改革开放伟大成就宝贵经验 不断把新时代改革开放继续推向前进》,《人民日报》2018年11月15日第2版。

书记亲自担任组长。党的十九大后进行新一轮党和国家机构改革期间，又将中央全面深化改革领导小组改为中央全面深化改革委员会，习近平总书记亲自担任主任。从党的十八大到十九大，中央全面深化改革领导小组召开了38次会议，每次习近平总书记都出席并发表重要讲话，引领全面深化改革开放健康前行。党的十九大后，召开中央全面深化改革领导小组会议两次，召开中央全面深化改革委员会会议27次。党的二十大召开后，中央全面深化改革委员会召开了多次会议。这一专门负责全面深化改革的中央决策议事协调机构迄今召开了70多次会议，通过3000多项重大改革方案，有力指导和推动了新时代改革开放事业。同时，习近平总书记还多次对全面深化改革开放做出重要批示指示，在调研考察时也经常对改革开放给予引领推动，确保全面深化改革开放沿着正确方向前进。比如，党的十八大后，习近平总书记多次去广东等地调研考察，考察期间高举改革开放旗帜，一再向全党全国发出思想再解放、改革再出发的有力号召。进入新时代，每次党的全国代表大会都对改革开放做出部署，使得改革开放不断向纵深推进。

（二）坚持人民至上

江山就是人民，人民就是江山。党的根基在人民、血脉在人民、力量在人民，人民是党执政兴国、执政强国的最大底气、最强后盾。中国共产党领导的全面深化改革开放，牢牢坚持以人民为中心的发展思想，目的就是为人民谋幸福、为民族谋复兴。我们通过改革开放不断解放和发展生产力，不断破除各种体制机制弊端，不仅努力做大蛋糕还力求分好蛋糕，从而不断提升人民的生活品质，不断增强人们的幸福感、获得感、安全感和满足感。十多年来，中国在幼有所育、学有所教、劳有所得、病有所医、老有所养、住有所居、弱有所扶上持续用力，人民生活全方位改善，人均健康预期寿命不断提高，建成了世界上最大的教育体系、社会保障体系、医疗卫生体系。尤其是，我们坚持精准扶贫、尽锐出战，打赢了人类历史上规模最大的脱贫攻坚战，全国832个贫困县全部摘帽，近1亿农村贫困人口实现脱贫，960多万贫困人口实现易地搬迁，历史性地解决了绝对贫困问题，为全球减贫事业做出了历史性贡献。

（三）坚持系统观念

全面深化改革开放是一个涉及经济社会发展各领域的复杂系统工程，需要统筹谋划各个方面、各个层次、各个要素，注重推动各项改革相互促进、良性互动、协同配合。习近平总书记在领导全面深化改革开放过程中，反复强调注重系统性、整体性、协同性是全面深化改革的内在要求。这是因为，进入新时代后改革开放又来到一个新的重大关头，很多改革都是牵一发而动全身。推进改革开放的过程中，必须处理好战略和策略、活力和秩序等重大关系，把握好全局和局部、当前和长远、宏观和微观、主要矛盾和次要矛盾、特殊和一般的关系，还要善于通过历史看现实、透过现象看本质、立足全局看局部。这些年来，我们之所以能够把进入攻坚期和深水区的改革开放不断向前推进，就是因为我们的战略思维、历史思维、辩证思维、系统思维、创新思维、法治思维、底线思维、精准思维能力不断提高，能够站在全局和大局的角度谋划和推动全面深化改革开放。

（四）坚持问题导向

中国共产党人干革命、搞建设、抓改革，从来都是为了解决中国的现实问题。[①]进入新时代，我们全面深化改革开放，就是要破除束缚人们的陈旧观念、破除妨碍科学发展的体制机制弊端，不断完善中国特色社会主义制度，不断推进国家治理体系和治理能力现代化。我

① 习近平:《习近平著作选读》第1卷，人民出版社2023年版，第161页。

们接续推进两轮党和国家机构改革，其主要目标是构建系统完备、科学规范、运行高效的党和国家机构职能体系，使其在全面深化改革开放中更好发挥作用。比如，2018年3月，中央党校和国家行政学院合并成立新的中共中央党校，使得干部教育培训资源布局更加优化，不仅能在干部的理论教育、党性教育和能力提升方面发挥集成优势，还有助于在践行为党育才、为党献策这一党校初心上做出更大贡献。比如，在党的二十大后启动的新一轮党和国家机构改革中，党中央决定成立国家数据局，既是顺应数字时代大潮的必然之举，也是为了提升治理能力的现代化水平。

（五）坚持目标导向

目标就是努力方向，蕴含着人们的追求和向往。新时代改革开放，我们不仅明确了总目标，而且在战略部署上也注意目标的可及性和可持续性。2013年11月，党的十八届三中全会提出全面深化改革总目标即“完善和发展中国特色社会主义制度，推进国家治理体系和治理能力现代化”，并以此为牵引带动全面深化改革开放。这个总目标，被列入新时代党的创新理论的“十个明确”之一。党的十八届三中全会做出的战略部署、党的十九大做出分两个阶段的战略安排和党的二十大提出的全面建成社会主义现代化强国“两步走”战略等都体现了目标导向。对于全面深化改革十年来的成就，党的二十大报告概括为“中国特色社会主义制度更加成熟更加定型，国家治理体系和治理能力现代化水平明显提高”[①]。这显然是从全面深化改革总目标完成程度的角度进行的权威概括。2024年党的二十届三中全会，又对进一步全面深化改革的总目标进行了布置安排。明确了到新中国成立

---

① 习近平：《高举中国特色社会主义伟大旗帜 为全面建设社会主义现代化国家而团结奋斗——在中国共产党第二十次全国代表大会上的报告》，《人民日报》2022年10月26日第1版。

80周年时的改革任务、到2035年的改革目标。

（六）坚持顶层设计和摸着石头过河相结合

党的十八大以来，党中央领导全面深化改革的一个鲜明特点是注重顶层设计，同时又坚持摸着石头过河。习近平总书记指出，加强顶层设计和摸着石头过河相结合是有中国特色、符合中国国情的改革方法。摸着石头过河就是摸规律。新时代，我们对必须取得突破但一时还不那么有把握的改革，都是进行试点探索、投石问路，看得很准了再推行。比如设立自由贸易试验区，就是从上海开始，然后逐渐扩展到全国；再比如司法体制改革中的检察官员额制。2014年6月，检察官员额制率先在吉林、上海、湖北、广东、海南、青海等六省市试点开展。2015年10月，在充分总结试点经验基础上，中央组织部、中央政法委、最高人民法院、最高人民检察院联合印发试点方案，检察官员额制在省以下检察院全面施行。2017年7月，最高检遴选产生首批228名员额检察官，检察官员额制改革在四级检察机关全面落地落实。2019年4月，新修订的检察官法以立法形式确定检察官实行员额制管理，员额制逐步完善。但随着改革不断推进，必须加强顶层设计和总体规划，提高改革决策科学性，增强改革措施协调性。党的十八届三中全会、党的十九届四中全会等做出的重大决定，就是顶层设计和总体规划。摸着石头过河和加强顶层设计是辩证统一的，推进局部的阶段性改革要在加强顶层设计的前提下进行，加强顶层设计要在推进局部的阶段性改革的基础上来谋划。我们坚持把二者结合起来，灵活运用，才不断把新时代的改革开放逐渐推向深入。

在全面建设社会主义现代化国家、全面推进中华民族伟大复兴新征程上，我们只要深刻领悟“两个确立”的决定性意义，坚定“四个自信”，增强“四个意识”，做到“两个维护”，用好全面深化改革开放这个关键一招，就一定能够如期实现强国建设、民族复兴的宏伟目标。

新时代全面深化改革思想的创立背景与丰富内涵

党的十八大以来，以习近平同志为核心的党中央高举改革开放旗帜，坚持全面深化改革，提出全面深化改革总目标，开创了全面深化改革新局面，在实践中广大人民群众获得感不断增强，在理论上形成了新时代全面深化改革思想。新时代全面深化改革思想，科学回答了在中国特色社会主义新时代，为什么要全面深化改革、怎么样推进全面深化改革等一系列重大理论问题，是习近平新时代中国特色社会主义思想的重要组成部分，是推动中国改革工作的行动指南。在新时代全面深化改革思想指引下，经济社会各领域改革不断提速，改革举措出台的数量之多、力度之大前所未有，多年来难啃的硬骨头啃下来了，呈现全面发力、多点突破、蹄疾步稳、纵深推进的良好态势。

一、新时代全面深化改革思想创立的时代背景

理论因时而生，因时而兴。理论创新源于实践需求。发轫于1978年的改革开放推动中国强劲崛起，取得了举世瞩目的历史性成就。党的十八大以来，中国特色社会主义进入新时代，继续改革面临新的挑战和困难，需要新的理论指导。这就是新时代全面深化改革思想创立的时代背景和历史方位。科学把握这一思想形成的时代背景和历史方位，必须站在历史和战略的高度，结合改革开放历史进程、中国特色社会主义进入新时代、改革所面临国内外形势等方面来深刻体会。

（一）中国特色社会主义进入新时代

党的十九大明确做出“中国特色社会主义进入新时代”[①]的重大政治论断。新时代的新任务新形势，对继续改革提出更高要求，也是新时代全面深化改革思想产生的时代背景。

中国特色社会主义新时代，是中国不断提升综合国力、人民生活水平走向共同富裕、中华民族不断接近世界舞台中央、夺取中国特色社会主义新胜利、为世界做出新的更大贡献的美好时代。这一新的历史方位对继续改革提出更高要求。首先，改革必须适应中国由高速增长阶段转向高质量发展阶段的需求，推动建设现代化经济体系，完善民主政治制度，深化社会治理变革，推动文化繁荣兴盛，促进人与自然深度和谐。这对全面深化改革提出了新要求，需要更加艰辛、勇毅的探索和努力。其次，社会主要矛盾新变化为继续改革指明主攻方向。党的十九大提出：“我国社会主要矛盾已经转化为人民日益增长的美好生活需要和不平衡不充分的发展之间的矛盾。”[②]这是新时代推进全面深化改革的重要理论前提，也是未来深化改革的主要目标方向，要求我们必须“深刻认识我国社会主要矛盾变化带来的新特征新要求”。[③]实际上，我们改革的目的就是要提高发展平衡度、充分度，实现人的全面发展、社会的全面进步。最后，党的十九大部署的全面建设社会主义现代化国家的战略步骤为全面深化改革描绘了新目标。新时代的改革必须紧紧围绕战略步骤来展开，围绕实现国家治理体系和治理能力现代化的目标来展开。

---

① 中共中央党史和文献研究院：《十九大以来重要文献选编》（上），中央文献出版社2019年版，第7页。

② 中共中央党史和文献研究院：《十九大以来重要文献选编》（上），中央文献出版社2019年版，第8页。

③《习近平主持召开中央全面深化改革委员会第十六次会议强调 全面贯彻党的十九届五中全会精神 推动改革和发展深度融合高效联动》，《人民日报》2020年11月3日第1版。

（二）中国改革进入新阶段

1978年12月召开党的十一届三中全会，做出改革开放的重大决策，标志着中国改革拉开大幕。此后，以经济体制改革为重点的中国改革经历了三个阶段，党的十八大后进入新阶段即第四个阶段。

第一阶段是1978年党的十一届三中全会到1992年党的十四大召开。20世纪70年代末，农村改革取得突破后，城市改革渐次铺开。1984年10月召开的党的十二届三中全会，提出我国社会主义经济是“公有制基础上的有计划的商品经济”，吹响了全面改革号角。1987年10月召开的党的十三大，提出了国家调节市场、市场引导企业的改革思路，更加突出市场化取向。1992年初，邓小平视察南方并发表重要谈话，推动改革开放继续前行。同年10月召开党的十四大，明确把建立社会主义市场经济体制作为经济体制改革的目标，取得了当代中国改革史上的重大突破。

第二阶段是党的十四大召开后至党的十六大召开，初步建立社会主义市场经济体制框架。这个阶段，1993年11月召开的党的十四届三中全会通过了《中共中央关于建立社会主义市场经济体制若干问题的决定》，从政府、市场、企业、就业等几个方面，对建构社会主义市场经济体制的框架做出部署。1997年9月召开的党的十五大，进行了重大理论创新，提出公有制实现形式不仅可以而且应当多样化，第一次提出了社会主义基本经济制度的概念。经过十年的艰苦努力，到2002年11月党的十六大召开，社会主义市场经济体制的框架基本建立，中国改革成功进入21世纪。

第三阶段是2002年党的十六大召开后到2012年党的十八大召开，深化经济体制改革，使社会主义市场经济体制不断完善。2002年11月召开的党的十六大明确提出，要深化经济体制改革，不断完善社会主义市场经济体制。2003年10月，党的十六届三中全会审议通过《中共中央关于完善社会主义市场经济体制若干问题的决定》，进一步明确了完善社会主义市场经济体制的目标、任务和步骤。2007年党的十七大进一步做出部署。至2012年11月党的十八大召开前，以经济体制改革为重点的中国改革取得重大进展，经济社会发展取得一系列历史性成就。

第四阶段即2012年11月党的十八大召开以来，推动全面深化改革，完善和发展中国特色社会主义制度。2012年11月召开的党的十八大提出全面建成小康社会、全面深化改革开放。2013年11月，根据党的十八大部署，党的十八届三中全会聚焦全面深化改革，进一步明确了面向2020年全面深化改革的目标、任务、重点，提出一系列重大举措。2017年10月召开的党的十九大着眼新时代的使命担当，就全面深化改革做出新部署。2018年3月召开党的十九届三中全会，决定深化党和国家机构改革，标志着全面深化改革走向深入。2019年10月28日召开党的十九届四中全会，审议通过《中共中央关于坚持和完善中国特色社会主义制度 推进国家治理体系和治理能力现代化若干重大问题的决定》，凸显了这一轮改革更加聚焦制度建设的特点。党的二十大后，党又对进一步全面深化改革做出部署，全面深化改革进入新的阶段。

改革在不同的阶段面临着不同的问题。与改革初期相比，党的十八大以来，中国改革进入攻坚期和深水区，碰到许多难啃的硬骨头，前进面临一系列突出矛盾和挑战，改革开放到了一个新的重要关头。①比如：发展中不平衡、不协调、不可持续问题依然突出，科技创新能力不强，产业结构不合理，发展方式依然粗放，城乡区域发展差距和居民收入分配差距依然较大，社会矛盾明显增多，教育、就

① 中共中央文献研究室：《习近平关于全面深化改革论述摘编》，中央文献出版社2014年版，第9页。

业、社会保障、医疗、住房、生态环境、食品药品安全、安全生产、社会治安、执法司法等关系群众切身利益的问题较多，部分群众生活困难，形式主义、官僚主义、享乐主义和奢靡之风问题突出，一些领域消极腐败现象易发多发，反腐败斗争形势依然严峻，等等。[①]党的十九大就此又进行了新的概括梳理。解决这些问题，关键在于全面深化改革。习近平总书记明确指出，改革是由问题倒逼而产生，又在不断解决问题中得以深化。[②]

历史经验表明，改革是党和国家发展的重要推动力量。过去的每一次重大改革都能为党除旧迎新、与时俱进提供取之不尽的生机活力，能为国家建设、事业兴旺激发出强大的前进动力。没有改革开放，我们不可能有今天这样的大好局面。[③]改革依然在路上。

（三）中国改革面临日益复杂的国内外形势

进入新时代，中国改革面临日益复杂的国内国际形势，这是新时代全面深化改革思想形成的重要现实依据。一方面，全面深化改革进入深水区，推进改革的敏感程度、复杂程度前所未有，影响改革向纵深推进的硬骨头还很多，改革继续推进面临着改革动力不足、“软阻力”加大、凝聚共识难度增加等新形势。习近平总书记在2018年初的讲话中，明确提出增强忧患意识，其中就包含针对随着改革向纵深推进不断涌现出的新问题而言的，告诫我们要居安思危。另一方面，世界面临百年未有之大变局，处于大发展大变革大调整时期，新冠肺炎疫情的暴发和持续使得世界经济形势依然存在较大的不确定性，“民主赤字”“治理赤字”“发展陷阱”日益凸显，国际上一些主要经济

---

①《中国共产党第十八届中央委员会第三次全体会议文件汇编》，人民出版社2013年版，第86页。

② 习近平：《论坚持全面深化改革》，中央文献出版社2018年版，第27页。

③ 中共中央文献研究室：《习近平关于全面深化改革论述摘编》，中央文献出版社2014年版，第10页。

大国和发达国家不同程度实施贸易保护主义，有的国家甚至滥用国内安全法则针对中国。我们应当全面客观分析这些国内外形势，深刻认识错综复杂国际环境带来的新矛盾新挑战，[①]坚定不移推进改革，靠把自己做大做强解决问题。

关于全面深化改革重要论述与习近平总书记富有改革智慧有极大关系。习近平总书记既是一位伟大的政治家，更是一位伟大的改革家。他坚持从中国实际出发，实事求是，求真务实，敢于担当，亲力亲为，保障和推动全面深化改革不断取得重大突破。

二、新时代全面深化改革思想的丰富内涵

新时代全面深化改革思想是一个层次分明、系统完整、逻辑严密的理论体系，包括改革的历史地位、指导思想、前进方向、基本原则、总体格局、实施重点以及方法论等，具有鲜明时代特点，富有中国特色。

（一）关于改革开放的地位

习近平总书记关于改革开放历史地位的论述有很多。他认为，改革开放是党在新的历史条件下领导人民进行的新的伟大革命，是决定当代中国命运的关键抉择。中国特色社会主义之所以具有蓬勃生命力，就在于是实行改革开放的社会主义。只有改革开放才能发展中国、发展社会主义、发展马克思主义。中国特色社会主义在改革开放中产生，也必将在改革开放中发展壮大。[②]2012年12月7日至11日在广东考察工作时，习近平总书记明确指出，改革开放是当代中国发展

①《习近平主持召开中央全面深化改革委员会第十六次会议强调 全面贯彻党的十九届五中全会精神 推动改革和发展深度融合高效联动》，《人民日报》2020年11月3日第1版。

② 中共中央文献研究室：《习近平关于全面深化改革论述摘编》，中央文献出版社2014年版，第1页。

进步的活力之源，是我们党和人民大踏步赶上时代前进步伐的重要法宝，是坚持和发展中国特色社会主义的必由之路。[①]在十八届中央政治局第二次集体学习时，习近平总书记鲜明提出，改革开放是决定当代中国命运的关键一招，也是决定实现“两个一百年”奋斗目标、实现中华民族伟大复兴的关键一招。[②]改革开放，也是决定中国式现代化成败的关键一招。“关键一招”是习近平总书记对改革开放历史地位的准确定位。当下，我国正处于新的发展阶段，机遇和挑战都有新的变化，迫切要求我们继续贯彻新发展理念，加快构建新发展格局。为此，习近平总书记同样重视改革在这一过程中所起的决定性作用，要求充分发挥全面深化改革在构建新发展格局中的关键作用，[③]全面深化改革的重要性越发突出明显。

（二）关于改革的指导思想

2013年11月，党的十八届三中全会指出，全面深化改革，必须高举中国特色社会主义伟大旗帜，以马克思列宁主义、毛泽东思想、邓小平理论、“三个代表”重要思想、科学发展观为指导，坚定信心，凝聚共识，统筹谋划，协同推进，坚持社会主义市场经济改革方向，以促进社会公平正义、增进人民福祉为出发点和落脚点，进一步解放思想、解放和发展社会生产力、解放和增强社会活力，坚决破除各方面体制机制弊端，努力开拓中国特色社会主义事业更加广阔的前景。[④]这是2013年时提出的。显然全面深化改革的指导思想是以

---

①《改革不停顿 开放不止步》，《人民日报》2012年12月12日第1版。

② 中共中央文献研究室：《习近平关于全面深化改革论述摘编》，中央文献出版社2014年版，第3页。

③《习近平主持召开中央全面深化改革委员会第十八次会议强调 完整准确全面贯彻新发展理念 发挥改革在构建新发展格局中关键作用》，《人民日报》2021年2月20日第1版。

④ 中共中央文献研究室：《十八大以来重要文献选编》（上），中央文献出版社2014年版，第512页。

习近平新时代中国特色社会主义思想为指导。当然也要看到，党的十八届三中全会提出的全面深化改革指导思想，包含改革自身的内在要求、方法策略、价值立场和目标方向。2024年7月召开的党的二十届三中全会提出进一步全面深化改革的指导思想，有很多新理念，要准确理解把握。

（三）关于改革的方向

改革不是改向。习近平总书记明确指出，我们当然要高举改革旗帜，但我们的改革是在中国特色社会主义道路上不断推进的改革，既不走封闭僵化的老路，也不走改旗易帜的邪路。[①]2012年12月31日，在十八届中共中央政治局第二次集体学习时，习近平总书记又指出，改革开放是一场深刻革命，必须坚持正确方向，沿着正确道路推进。[②]在方向问题上，我们头脑必须十分清醒。我们的方向就是不断推动社会主义制度自我完善和发展，而不是对社会主义制度改弦易张。[③]很显然，习近平总书记认为改革的方向，就是坚持中国特色社会主义道路，推进中国特色社会主义制度自我完善和发展，赋予社会主义以新的生机与活力。不断完善和发展中国特色社会主义制度。

（四）关于改革的总目标

1978年实行改革开放以来，我们曾提出过政治体制改革、经济体制改革等不同领域的改革目标。党的十八大以来，习近平总书记第一次提出了全面深化改革的总目标，完善和发展中国特色社会主义制

① 中共中央文献研究室:《习近平关于全面深化改革论述摘编》，中央文献出版社2014年版，第14页。

② 中共中央文献研究室:《习近平关于全面深化改革论述摘编》，中央文献出版社2014年版，第14页。

③ 中共中央文献研究室:《习近平关于全面深化改革论述摘编》，中央文献出版社2014年版，第15页。

度，推进国家治理体系和治理能力现代化。[①]全面深化改革总目标的提出，是中国改革理论的重大创新，明确了全面建设社会主义现代化国家的重要内容是推进国家治理体系和治理能力现代化。2014年2月17日，习近平总书记在省部级主要领导干部研讨班上讲话时强调，改革开放以来，我们党开始以全新的角度思考国家治理体系问题，强调领导制度、组织制度问题更带有根本性、全局性、稳定性和长期性。今天，摆在我们面前的一项重大历史任务，就是推动中国特色社会主义制度更加成熟更加定型，为党和国家事业发展、为人民幸福安康、为社会和谐稳定、为国家长治久安提供一整套更完备、更稳定、更管用的制度体系。[②]习近平总书记强调，总目标这两句话是一个整体，前一句规定了根本方向，即中国特色社会主义道路，后一句规定了在根本方向指导下完善和发展中国特色社会主义制度的鲜明指向。两句话都讲，才是完整的。这就告诫我们，要全面准确把握习近平总书记关于改革目标的重要论述。党的十九大对完成改革总目标的时间表做出新部署，提出到本世纪中叶实现国家治理体系和治理能力现代化。2019年，党的十九届四中全会又将总目标直接上升为会议主题，专门对总目标的具体实现路径进行了系统的谋篇布局，要求必须以坚持和完善中国特色社会主义制度、推进国家治理体系和治理能力现代化为主轴，继续深化各领域各方面体制机制改革，推动各方面制度更加成熟更加定型。这就凸显了全面深化改革的追求是为中国稳健发展形成一套成熟定型的制度。党的二十届三中全会提出进一步全面深化改革的总目标是“继续完善和发展中国特色社会主义制

① 中共中央文献研究室:《习近平关于全面深化改革论述摘编》，中央文献出版社2014年版，第20页。

② 中共中央宣传部:《习近平总书记系列重要讲话读本》(2016年版)，学习出版社、人民出版社2016年版，第47页。

度，推进国家治理体系和治理能力现代化”。与党的十八届三中全会相比，总目标只多了两个字“继续”。这表明两次全会目标一致，具有一脉相承、一如既往的特点，又表明具有可持续性和长期性特点。这是因为国家间的竞争的本质就是制度的竞争，有没有一套充满生机活力的制度体系，决定着大国竞争的成败。党的十八大以来，中国改革的鲜明特点就是制度导向，改革的路线就是制度建设。

（五）关于改革的原则

2017年11月20日，习近平总书记在十九届中央全面深化改革领导小组第一次会议上的讲话中明确提出了中国改革的原则性问题。他强调，无论改什么、改到哪一步，坚持党对改革的集中统一领导不能变，完善和发展中国特色社会主义制度、推进国家治理体系和治理能力现代化的总目标不能变，坚持以人民为中心的改革价值取向不能变。[①]“三个不能变”的原则鲜明划定了中国改革的底线，改革整个过程必须坚持党的领导、坚持围绕总目标、坚持以人民为中心。这一原则符合中国国情、顺应民心民意。只有坚持党的领导和改革总目标，才能确保改革方向不偏、力度不减，取得实效。只有坚持以人民为中心的价值导向，才能确保让老百姓从改革中获益，更好凝聚改革共识，为民族复兴提供不竭动力。党的二十届三中全会提出了“六个坚持”的原则，即坚持党的全面领导、坚持以人民为中心、坚持守正创新、坚持以制度建设为主线、坚持全面依法治国、坚持系统观念。这些原则是对改革开放以来特别是新时代全面深化改革的宝贵经验的科学总结，是党不断深化改革开放规律性认识的重大成果，必须倍加珍惜、长期坚持，并在实践中不断丰富和发展。

---

①《习近平主持召开十九届中央全面深化改革领导小组第一次会议强调 全面贯彻党的十九大精神 坚定不移将改革推向深入》,《人民日报》2017年11月21日第1版。

（六）关于改革的全面性

党的十八届三中全会启动的改革与之前的改革很大的不同就在于改革的全面性。虽然全面改革在20世纪80年代就已提出，但在实施过程和改革的领域上都不如这次更加全面、更加深入。这次全面深化改革可谓名副其实。2014年2月17日，习近平总书记指出，全面深化改革，全面者，就是要统筹推进各领域改革，就需要有管总的目标，也要回答推进各领域改革最终是为了什么，要取得什么样的整体结果这个问题。全面深化改革必须是全面的系统的改革和改进，是各领域改革和改进的联动和集成，在国家治理体系和治理能力现代化上形成总体效应，取得总体效果。[①]按照党的十八届三中全会的部署，我们推动了包括经济体制改革、生态文明体制改革、民主法制领域改革、文化体制改革、社会体制改革、党的建设制度改革、纪律检查体制改革以及国防军队改革等诸多领域的改革。从这些方面不难看出改革领域的全面性。这次改革的目的在于为党和国家事业发展、为人民幸福安康、为社会和谐稳定、为国家长治久安提供一套更完备、更稳定、更管用的制度体系。与党的十八届三中全会相比，党的二十届三中全会又把安全领域纳入改革范围。改革的全面性更加突出。加之重视系统观念、系统思维，全面性背后是系统性、整体性、协同性。因此，全面性更加凸显。

（七）关于改革的重点

抓重点带一般，是中国共产党重要的方法论。全面深化改革也需从重点入手。经济体制改革就是全面深化改革的重点。发展是硬道理，经济体制改革是推动中国经济社会发展的强大动力和主要路径。经济体制改革的核心问题是处理好政府和市场的关系。进一步处理好

① 中共中央文献研究室:《习近平关于全面深化改革论述摘编》，中央文献出版社2014年版，第27页。

政府和市场的关系，实际上就是要处理好在资源配置中市场起决定性作用还是政府起决定性作用。就此，党的十八届三中全会明确指出要使市场在资源配置中起决定性作用，更好发挥政府作用。

党的十八届三中全会围绕经济体制改革这个重点明确提出了“六个紧紧围绕”的改革路线图。一是紧紧围绕使市场在资源配置中起决定性作用深化经济体制改革。二是紧紧围绕坚持党的领导、人民当家作主、依法治国有机统一深化政治体制改革。三是紧紧围绕建设社会主义核心价值体系、社会主义文化强国深化文化体制改革。四是紧紧围绕更好保障和改善民生、促进社会公平正义深化社会体制改革。五是紧紧围绕建设美丽中国深化生态文明体制改革。六是紧紧围绕提高科学执政、民主执政、依法执政水平深化党的建设制度改革。[①]“六个紧紧围绕”实际上既是全面深化改革的路线图，也是全面深化改革的总体思路。确定改革总体思路和路线图：一方面明确了全面深化改革的主要内容，突出体现了改革的全面性；另一方面明确了改革的重点和主轴，使全面深化改革的顶层设计、优先顺序、重点领域、关键环节一目了然，有利于整体推进和重点突破相结合、相促进。党的二十届三中全会提出的“七个聚焦”也是各领域的改革重点，要加以推进。

（八）关于改革的方法论

方法科学，事半功倍。习近平总书记高度重视改革的方法，形成了一套推进改革的方法论。一是把握全面深化改革的内在规律，处理好解放思想和实事求是的关系、整体推进和重点突破的关系、顶层设计和摸着石头过河的关系、胆子要大和步子要稳的关系、改革发展稳

---

①《中共中央关于全面深化改革若干重大问题的决定》，人民出版社2013年版，第3—5页。

定的关系。[①]二是注重系统性、整体性、协同性。习近平总书记认为，注重系统性、整体性、协同性是全面深化改革的内在要求，也是推进改革的重要方法。改革越深入，越要注意协同，既抓改革方案协同，也抓改革落实协同，更抓改革效果协同，促进各项改革举措在政策取向上相互配合、在实施过程中相互促进、在改革成效上相得益彰，朝着全面深化改革总目标聚焦发力。[②]三是改革要于法有据。习近平总书记指出，凡属重大改革都要于法有据。在整个改革过程中，都要高度重视运用法治思维和法治方式，发挥法治的引领和推动作用，加强对相关立法工作的协调，确保在法治轨道上推进改革。[③]此外，还有抓落实、搞调研，等等。

新时代全面深化改革思想具有鲜明的时代特征和中国特色。这一重大战略思想突出强调坚持党的领导、问题导向、顶层设计、落实改革，既突出改革的全面性，又强调深化。所谓深化，就是要啃硬骨头，要涉险滩，就是要通过改革形成制度红利，推动强国建设，实现中华民族伟大复兴。在新时代全面深化改革思想指导下，我国全面深化改革将取得重大突破，群众的获得感、幸福感不断增强。

三、坚决贯彻新时代全面深化改革思想

中国特色社会主义进入新时代，改革进入新阶段。行进在改革路上，虽然面临很多风险挑战，但也取得重大突破，必须坚定改革信心、发扬钉钉子精神，凝神聚力把新时代全面深化改革思想落到实处。

---

① 中共中央文献研究室:《习近平关于全面深化改革论述摘编》，中央文献出版社2014年版，第37页。

② 习近平:《习近平谈治国理政》第2卷，外文出版社2017年版，第109页。

③ 中共中央文献研究室:《习近平关于全面深化改革论述摘编》，中央文献出版社2014年版，第153页。

(一)坚定改革信心、凝聚改革共识

所谓坚定改革信心，就是要坚定不移全面深化改革，要有逢山开路、遇水搭桥的精神，把改革进行到底。改革进入攻坚期和深水区后难度加大、危险增加，凝聚改革共识难度也日益增加。2013年11月12日，习近平总书记在党的十八届三中全会第二次全体会议上的讲话中指出，从历史经验看，凝聚共识对改革能否取得成功至关重要。历史上，战国时期的商鞅变法，宋代的王安石变法，明代的张居正变法，在当时历史条件下都取得了一定成效。但是，由于当时君主专制的政权性质和社会矛盾的不断激化，各种利益关系错综复杂，加之统治集团内部盘根错节、相互倾轧，改革触动了一些既得利益集团的利益，他们的变法都遭遇了强大阻力，甚至弄得自己身败名裂。[①]中国历史上，改革者突破阻力成功推进，都名垂千古。我们不能因改革遭遇阻力，就踟蹰不前、因噎废食。

(二)全面深化改革在实践中取得明显成效，为继续改革奠定良好基础

党的十九大指出，十八大以来全面深化改革取得重大突破，推出多项改革举措，重要领域和关键环节取得突破性进展，主要领域改革主体框架基本确立。中国特色社会主义制度更加完善，国家治理体系和治理能力现代化水平明显提高，全社会发展活力和创新活力明显增强。[②]比如，优先发展教育有利于中国的长远发展；军队反腐、军队变革确实大幅度提高了国防军队建设质量；实行中央“八项规定”、全面从严治党确实改善了党内政治生态。2020年12月30日，习近平

① 中共中央文献研究室:《习近平关于全面深化改革论述摘编》，中央文献出版社2014年版，第45—46页。

② 中共中央党史和文献研究院:《十九大以来重要文献选编》(上)，中央文献出版社2019年版，第3页。

总书记在中央全面深化改革委员会第十七次会议上高度肯定了党的十八届三中全会以来全面深化改革取得的历史性成就：第一，这是一场思想理论的深刻变革，科学回答了在新时代为什么要全面深化改革、怎样全面深化改革等一系列重大理论和实践问题；第二，这是一场改革组织方式的深刻变革，实现了由局部探索、破冰突围到系统协调、全面深化的历史性转变；第三，这是一场国家制度和治理体系的深刻变革，在抗击新冠肺炎疫情、决胜全面建成小康社会、决战脱贫攻坚、"十三五"规划实施、全年经济工作等进程中，制度建设发挥了重要作用，改革的关键一招作用充分彰显；第四，这是一场人民广泛参与的深刻变革，人民的获得感、幸福感、安全感不断增强，全社会形成改革创新活力竞相迸发、充分涌流的生动局面。[①]党的二十大重点总结了新时代全面深化改革的成就，并强调在中国式现代化道路上必须坚持改革开放这一重大原则。这都为未来继续深化改革打下了坚实基础。

（三）狠抓落实

一分部署，九分落实。习近平总书记多次强调，党政一把手要扑下身子抓落实，既当改革的促进派，又当改革的实干家；[②]既要挂帅，又要出征。[③]但应该看到，在某些地区和部门，全面深化改革的落实情况有待加强，材料改革、会议改革、文件改革现象比较明显，"你喊你的、我干我的"现象依然存在。因此，我们既要提高改革方案质量，把改革方案设计好，使其具备较强的可操作性，还要制定科学的

①《习近平主持召开中央全面深化改革委员会第十七次会议强调 坚定改革信心汇聚改革合力 推动新发展阶段改革取得更大突破》，《人民日报》2020年12月31日第1版。

② 习近平：《习近平谈治国理政》第2卷，外文出版社2017年版，第105页。

③ 中共中央文献研究室：《习近平关于全面从严治党论述摘编》，中央文献出版社2016年版，第239页。

激励机制。40多年来中国之所以能取得巨大成功，就是因为激励机制提高了广大人民的积极性，解放和发展了社会生产力。今天推进改革关键在于提高广大党员干部干事创业的积极性，这就需要优化激励机制设计，让改革者卸下思想包袱、丢掉畏难情绪，为敢于担当者担当，为善于改革者撑起一片天空。

新征程上继续推进全面深化改革，要坚持和加强党的领导，把准改革方向，明确目标任务，以科学的谋划、创新的魄力把各项工作抓好抓实。要抓好重大改革任务攻坚克难，统筹全局、把握重点，聚焦全面建设社会主义现代化国家中的重大问题谋划推进改革，用好机构改革创造的有利条件，努力在破除各方面体制机制弊端、调整深层次利益格局上再攻下一些难点。要加强改革调查研究，多到矛盾问题集中的地方和部门去，深入基层、走进群众，体察实情、解剖麻雀，既深入研究具体问题，又善于综合各方面情况，在总体思路和全局工作上多动脑筋、多下功夫。要加大改革抓落实力度，完善上下协同、条块结合、精准高效的改革落实机制，下更大气力抓好改革督察工作，推动改革举措落地见效。要调动各方面改革积极性，健全改革创新激励机制，加大改革典型经验交流推广，加强舆论引导，及时回应各方关切。

习近平总书记指出，一个国家、一个民族要振兴，就必须在历史前进的逻辑中前进、在时代发展的潮流中发展。①“天行有常”，“应之以治则吉”。全面深化改革，顺应了中国人民要发展、要创新、要美好生活的历史要求，契合了世界各国人民要发展、要合作、要和平生活的时代潮流。在习近平新时代中国特色社会主义思想指导下，中国改革开放必然成功，也一定能够成功。如果说，在中国共产党成立

①《习近平出席博鳌亚洲论坛2018年年会开幕式并发表主旨演讲 强调顺应时代潮流 坚持开放共赢 宣布中国扩大开放新的重大举措》，《人民日报》2018年4月11日第1版。

一百周年时我们实现了脱贫攻坚、全面建成小康社会的目标，在中华人民共和国成立一百周年时我们能实现强国建设、民族复兴的目标，那在中国改革开放一百周年时我们一定能够继续保持强国地位，保持引领世界潮流的实力。让我们拭目以待吧！

后　记

自1978年启动以来，中国改革开放已经走过近半个世纪风云激荡的壮阔历程。40多年来，中国改革开放并非一路凯歌、一帆风顺，而是在一路攻坚克难中砥砺前行。40多年来，中国改革开放推动党和国家事业取得一系列历史性成就，发生一系列历史性变革。正是在改革开放中，中国成为世界第二大经济体，中国的综合国力日益提升、国际影响力日益增强，中国人也更加自信自立自强。

作为一名在改革开放领域耕耘多年的研究者，对于改革开放史研究的重点话题研机析理，是应尽的一份职责。本书选择中国改革开放史上的一些重要会议、重要部署、重要论断、重要原则等进行了分析论述，力求从道理学理哲理层面解读中国改革为什么能成功。书中有些内容曾以学术论文的形式公开发表过，其中有两篇是和学生王蕾、李永康合写，不过从提纲到内容都经过我的认真修改。收录本书时，作者根据研究的最新进展和中央最新精神，又进行了修改完善。鉴于书中基本观点都在课堂上讲授过，有些论断也是反复推敲琢磨，所以书名定为《中国改革开放精讲》。

在修编书稿的过程中，北京出版社的编辑帮助校订文字，排版编辑内容，认真负责的精神着实令人敬佩。中国社会科学院当代中国研究所张成乐博士在书中所引文献出处的核对与编排上也给予了很大帮助。在此一并表示感谢。

作者

2024年9月于京郊大有庄100号